学前教育的创新与变革:
引领儿童走向未来

XUEQIAN JIAOYU DE CHUANGXIN YU BIANGE

宋铁莉 吕 雪 李瑞嘉◎著

中国纺织出版社有限公司

内　容　提　要

本书根据学前教育的发展历程、创新理念、创新策略及方法等进行编写，紧贴学前教育人才培养需求，从理论基础到专业技能再到教育实践，构成全方位的课程体系。内容涵盖学前教育概论及发展情况、儿童发展与学前教育、创新的学前教育理念、学前教育的教学策略与方法、教师角色与专业素养的提升、学前教育的未来发展 6 个方面，为学前教育领域的持续进步提供了理论支撑与实践指导。同时，本书坚持能力导向，激发儿童学习兴趣，开阔儿童视野，提升儿童的综合素质，可作为学前教育专业师生和学前教育相关工作者的参考用书。

图书在版编目（CIP）数据

学前教育的创新与变革：引领儿童走向未来 / 宋铁莉，吕雪，李瑞嘉著. --北京：中国纺织出版社有限公司，2025.3. -- ISBN 978-7-5229-2411-3

Ⅰ. G61

中国国家版本馆 CIP 数据核字第 2025PV2931 号

责任编辑：闫　婷　　责任校对：高　涵　　责任印制：王艳丽

中国纺织出版社有限公司出版发行
地址：北京市朝阳区百子湾东里 A407 号楼　邮政编码：100124
销售电话：010—67004422　传真：010—87155801
http://www.c-textilep.com
中国纺织出版社天猫旗舰店
官方微博 http://weibo.com/2119887771
天津千鹤文化传播有限公司印刷　各地新华书店经销
2025 年 3 月第 1 版第 1 次印刷
开本：710×1000　1/16　印张：14.75
字数：184 千字　定价：98.00 元

凡购本书，如有缺页、倒页、脱页，由本社图书营销中心调换

前　　言

在这个日新月异、知识爆炸的时代，学前教育正站在一个新的历史起点上，面临着前所未有的机遇与挑战。作为儿童成长道路上的重要阶段，学前教育不仅承载着传授知识的重要使命，更是儿童塑造品格、启迪智慧、培养情感的关键阶段。

基于此，笔者撰写《学前教育的创新与变革：引领儿童走向未来》一书，全书在内容安排上共设置六章：第一章学前教育概论及发展情况，内容涵盖学前教育的含义、学前教育的重要性与必要性、学前教育的发展历程、学前教育的发展现状、当前学前教育存在的问题与挑战；第二章儿童发展与学前教育，内容涵盖学前教育与儿童生理、心理和认知发展，儿童心理健康与情感教育，学前教育对儿童发展的影响，儿童个性化教育的重要性与实践；第三章创新的学前教育理念，内容涵盖探索儿童主体地位的教育理念、以游戏为主导的学前教育模式、社区参与和家庭融合的教育模式；第四章学前教育的教学策略与方法，内容涵盖多元化教学资源的整合与利用、情景教学与体验式学习、科技在学前教育中的应用与创新、创意教学与跨学科融合；第五章教师角色与专业素养的提升，内容涵盖儿童教育的教师角色转变、学前教育教师的专业发展与培训、跨学科合作与团队教学的重要性；第六章学前教育的未来发展，内容涵盖学前教育的未来趋势与发展方向、推动学前教育改革的政策与举措、学前教育的社会责任与使命。

本书结构清晰分明，内容新颖全面，根据学前教育的发展历程、创新理念、创新策略及方法等进行编写，从理论基础到专业技能再到教育实践，构成全书总的课程体系，紧贴学前教育人才培养能力需求。同时，坚持能力导向，激发儿童学习兴趣，开阔儿童视野，提升儿童的综合素质。

本书为吉林省教育厅项目《边远山区普惠性学前教育现状考查——以通化市为例（项目编号 TJKH20220491SK）》阶段性成果，执笔人通化师范学院宋铁莉全程统筹并主导内容的撰写；通化师范学院吕雪参与调研工作并贡献了部分文案；北京中医药大学中医学专业（卓越 5+3 一体化）李瑞嘉负责文献资料的整理工作。此外，本书在撰写过程中还得到了众多专家学者的悉心指导和无私帮助，在此一并表示最诚挚的谢意。鉴于学术视野及客观条件的局限性，本书在内容呈现上或许存在某些疏忽与不足，诚邀广大读者予以批评、指正，以期进一步修改完善。

著者

2024 年 6 月

目 录

第一章　学前教育概论及发展情况 …………………………………… 1
　第一节　学前教育的含义 ……………………………………………… 1
　第二节　学前教育的重要性与必要性 ………………………………… 1
　第三节　学前教育的发展历程 ………………………………………… 6
　第四节　学前教育的发展现状 ………………………………………… 8
　第五节　当前学前教育存在的问题与挑战 …………………………… 11

第二章　儿童发展与学前教育 …………………………………………… 30
　第一节　学前教育与儿童生理、心理和认知发展 …………………… 30
　第二节　儿童心理健康与情感教育 …………………………………… 37
　第三节　学前教育对儿童发展的影响 ………………………………… 44
　第四节　儿童个性化教育的重要性与实践 …………………………… 53

第三章　创新的学前教育理念 …………………………………………… 64
　第一节　探索儿童主体地位的教育理念 ……………………………… 64
　第二节　以游戏为主导的学前教育模式 ……………………………… 67
　第三节　社区参与和家庭融合的教育模式 …………………………… 84

第四章　学前教育的教学策略与方法 …………………………………… 100
　第一节　多元化教学资源的整合与利用 ……………………………… 100

第二节 情景教学与体验式学习 ································· 117
第三节 科技在学前教育中的应用与创新 ························· 127
第四节 创意教学与跨学科融合 ································· 139

第五章 教师角色与专业素养的提升 ································· 150
第一节 儿童教育的教师角色转变 ······························· 150
第二节 学前教育教师的专业发展与培训 ························· 160
第三节 跨学科合作与团队教学的重要性 ························· 178

第六章 学前教育的未来发展 ······································· 189
第一节 学前教育的未来趋势与发展方向 ························· 189
第二节 推动学前教育改革的政策与举措 ························· 201
第三节 学前教育的社会责任与使命 ····························· 212

第一章　学前教育概论及发展情况

第一节　学前教育的含义

广义上的学前教育是指对 3~6 岁儿童进行的一系列教育活动，这些活动旨在促进儿童在进入正式学校教育之前的全面发展。这个阶段的教育不仅包括在幼儿园或学前教育机构中进行的正规教育，也包括家庭、社区和社会环境中的非正式教育。广义上的学前教育强调的是为儿童提供一个全面的支持性环境，以促进他们在认知、情感和社会技能等方面的发展。

狭义上的学前教育则更具体地指在特定的教育机构，如幼儿园或学前教育中心，对儿童进行的有组织、有计划的教育活动。这些活动通常由专业的教育工作者指导，遵循一定的教育大纲或课程标准，目的是为儿童提供系统的学习经验，帮助他们准备好进入小学的学习。

第二节　学前教育的重要性与必要性

学前教育作为儿童成长的初始阶段，对于儿童的身心发展具有至关重要的作用。它不仅关系到儿童个体未来的学习能力、社会适应能力以及个人品质的塑造，更是国家和社会未来发展的重要基石。因此，深入探讨学前教育的重要性与必要性，对于提升教育质量、促进儿童全面发展以及推动社会进步具有深远的意义。

一、学前教育的重要性

学前教育的重要性是一个多层次、多维度的概念，它涵盖了儿童发展的方方面面，也对整个社会的未来产生着深远的影响。

学前教育对于儿童的智力发展具有关键性的促进作用。在这一阶段，孩子们的好奇心、探索欲和求知欲正处于旺盛期，学前教育通过提供丰富多样的教育资源和活动，能够充分激发他们的学习兴趣和动力。在这个过程中，孩子们的观察力、思考力、记忆力、想象力和创造力等智力要素得到了有效的锻炼和提升，为他们未来的学习和生活奠定了坚实的基础。

学前教育在儿童的情感和社会性发展方面也发挥着不可替代的作用。在这个阶段，儿童开始逐渐脱离家庭环境，与同龄伙伴和成人进行更广泛的互动。学前教育为儿童提供了一个安全、温馨、富有挑战性的社交环境，让他们在游戏中学习合作、分享、沟通、解决冲突等社交技能，同时，也学会了如何表达自己的情感、理解他人的感受，从而培养了良好的情感素质和社会适应能力。

学前教育还有助于塑造儿童的良好性格和道德品质。在这一阶段，他们正处于性格形成的关键时期，学前教育通过正面的引导和教育，帮助他们树立正确的价值观、人生观和道德观，培养他们的责任感、同情心、公平感和自律精神。这些品质不仅有助于儿童在成长过程中更好地应对各种挑战和困难，也为他们未来成为有道德、有责任感的社会公民打下了坚实的基础。

学前教育的重要性还体现在它对整个社会的深远影响上。一个受过良好学前教育的孩子，往往具备更强的学习能力、创新能力和社会适应能力，他们在未来的学习和工作中更容易取得成功，为社会的发展做出更大的贡献。同时，学前教育也是实现教育公平的重要手段之一，它能够为不同家庭背景的孩子提供平等的教育机会，从而减轻家庭背景对儿童成长的影响，促进社会的和谐与稳定。

学前教育的重要性不仅体现在对儿童个体发展的促进作用上，也体现在对整个社会的深远影响上。因此，应该充分认识到学前教育的重要性，加大对学前教育的投入和支持力度，为孩子们的成长创造一个更好的环境。

二、学前教育的必要性

学前教育的必要性不仅体现在儿童个体发展的需求上，更在于其对家庭、社会乃至国家未来的深远影响。它是儿童身心健康成长的重要保障，是家庭教育的重要补充，是衔接小学教育的重要桥梁，也是实现教育公平、促进社会和谐稳定的关键因素。

学前教育是儿童身心发展的必要保障。幼儿时期，儿童大脑发育迅速，神经元之间的连接和沟通日益加强，这是他们形成认知、情感、社交等能力的重要时期。学前教育通过提供丰富多样的刺激和环境，有助于激活儿童的神经网络，促进他们的大脑发育和智力提升。同时，学前教育还关注儿童的情感和社会性发展，通过游戏、互动等方式，帮助儿童建立积极的自我认知和情感表达方式，培养良好的社交技能和行为习惯。这些能力和习惯的形成，将为儿童未来的学习和生活奠定坚实的基础。

学前教育是家庭教育的重要补充。家庭教育在儿童的成长过程中具有不可替代的作用，但容易受到家长教育观念、时间和精力等多种因素的影响。有些家长可能缺乏科学的教育方法和手段，难以有效指导孩子的学习和成长；有些家长则可能因为工作繁忙等原因，无法给予孩子足够的陪伴和教育。学前教育作为家庭教育的补充，能够提供更专业、更系统的教育指导，确保儿童在关键发展阶段得到全面而均衡的教育。学前教育机构通常拥有专业的师资团队和丰富的教育经验，能够针对儿童的个性特点和需求，制定个性化的教育方案，促进儿童的全面发展。

学前教育是衔接小学教育的关键环节。从学前教育到小学教育，是儿童学习生涯中的一次重要转变。学前教育为儿童从家庭走向学校提供了平稳的过渡，有助于儿童适应学校生活的节奏和要求。在学前教育阶段，儿童可以逐渐建立起学习的习惯和方法，掌握基本的学习技能，为将来接受小学教育做好准备。同时，学前教育还注重培养儿童的学习兴趣和主动性，为他们在未来的学习中保持持续的学习动力奠定基础。通过学前教育的引导和教育，儿童可以更好地适应小学的学习环境和要求，顺利过渡到小学阶段的学习生活。

学前教育的必要性也体现在促进教育公平和社会和谐。教育公平是社会公平的重要体现，而学前教育作为教育体系的起点，对于实现教育公平具有重要意义[1]。通过学前教育，不同家庭背景的儿童可以在起跑线上获得相对公平的教育条件，减少家庭背景对他们成长的影响。这不仅有助于提高整个社会的教育水平，也有利于缩小社会阶层差距，促进社会和谐与稳定。同时，学前教育还有助于培养儿童的合作意识和团队精神，让他们学会与他人相处、沟通和协作，为未来的社会生活做好准备。

学前教育对于国家未来的发展和竞争力同样具有重要意义。儿童是国

---

[1] 戴菁．构建服务全民终身学习的教育体系［N］．学习时报，2019-12-20．

家的未来和希望，他们的素质和能力将直接关系到国家未来的发展和竞争力❶。通过学前教育，可以培养出一批具有创新精神、实践能力、团队协作能力和社会责任感的新一代儿童，为国家的发展提供强有力的人才保障。同时，学前教育也是国家教育体系的重要组成部分，它的质量和水平将直接影响到整个教育体系的发展和进步。

学前教育的必要性体现在多个方面，它不仅是儿童个体发展的内在需求，也是家庭、社会和国家未来发展的必然要求。因此，我们应该充分认识到学前教育的重要性，加大对学前教育的投入和支持力度，提高学前教育的质量和水平，为儿童的成长创造一个更好的环境。同时，还需要加强学前教育与家庭教育、小学教育的衔接和配合，形成教育合力，共同促进儿童的全面发展。只有这样，才能培养出更多优秀的人才，为国家的未来发展注入强大的动力。

三、学前教育的重要性与必要性的结合

学前教育的重要性与必要性是相互交织、密不可分的。学前教育的重要性在于它为儿童的成长和发展提供了重要的支持和保障，而学前教育的必要性则在于它是满足社会需求和家庭需求的重要途径。只有将二者结合起来，才能更好地理解学前教育在儿童成长和社会发展中的重要作用，从而更加重视和支持学前教育的发展。

学前教育的重要性与必要性不容忽视。应该充分认识到学前教育在儿童认知、情感、社会性、身心健康以及个性发展等方面的关键作用，同时认识到学前教育为未来教育做准备、减轻家庭育儿压力、提高国民素质以及弥补家庭教育不足等方面的必要性。为此，需要加大对学前教育的投入

---

❶ 李春兰. 小学劳动与技术教学中学生工匠精神的培养［J］. 科学咨询（教育科研），2021（11）：130-132.

和支持力度,提高学前教育的质量和水平,为儿童的健康成长和社会的和谐发展做出积极的贡献。

在未来的发展中,期待学前教育能够不断创新和完善,更好地适应时代的需求和儿童的发展特点。同时,也希望社会各界能够共同关注和支持学前教育的发展,为培养更多优秀的人才、建设更加美好的社会而共同努力。

第三节 学前教育的发展历程

学前教育的发展历程可谓是一部源远流长、波澜壮阔的史诗,它描绘了人类社会对儿童早期教育认知的不断深化与实践的逐步拓展。从古代的启蒙教育到现代的科学育儿,学前教育的理念、内容和方法都经历了巨大的变革,为培养一代又一代的优秀人才奠定了坚实的基础。

在古代社会,学前教育并未形成独立的体系,而是融入家庭和日常生活之中。父母和长辈通过言传身教的方式,向儿童传授基本的生活技能和社会规范。然而,这种教育形式往往局限于家庭范围,缺乏系统性和科学性。尽管如此,古代的启蒙教育仍然为学前教育的发展奠定了初步的基础,为后来的教育家们提供了宝贵的启示。

随着社会的进步和文明的发展,人们开始逐渐认识到学前教育的重要性。在欧洲文艺复兴时期,人文主义教育思想的兴起为学前教育的发展带来了新的契机。教育家们开始关注儿童的身心发展特点,提倡尊重儿童、关注儿童的个性发展。他们强调儿童在成长过程中的主体地位,提倡以儿童为中心的教育方式。这些理念为后来的学前教育理论和实践提供了重要的指导。

进入近代社会，学前教育开始逐渐走向规范化、科学化。福禄贝尔、蒙台梭利等教育家的理论和实践探索，为学前教育的发展奠定了坚实的基础。福禄贝尔强调游戏在学前教育中的重要性，认为游戏是儿童认识世界、发展身心的主要手段。蒙台梭利则提出了"有准备的环境"理论，主张为儿童提供一个能够自由探索、自我发展的环境。这些理论为学前教育的实践提供了有力的支持，推动了学前教育的发展。

20世纪以来，学前教育得到了更加广泛的关注和重视。世界各国纷纷建立起了完善的学前教育体系，学前教育成为国民教育体系的重要组成部分。同时，随着科技和社会的进步，学前教育也开始融入更多的现代元素。多媒体、互联网等技术的应用，为学前教育提供了更加丰富多样的教学手段和资源。例如，通过虚拟现实技术，儿童可以身临其境地体验各种场景，提高学习的趣味性和实效性；在线教育平台的兴起，使学前教育不再受地域限制，更多优质的教育资源得以共享。

除了技术和资源的更新，学前教育的理念也在不断进步。现代学前教育更加注重儿童的全面发展，包括身体、智力、情感、社交等多个方面。教育者更加关注儿童的个体差异，尊重每个儿童的独特性，努力为他们提供个性化的教育方案。同时，学前教育也更加注重家园共育，强调家庭和社会在儿童成长中的重要作用。家长和教育者的紧密合作，共同为儿童的成长创造良好的环境。

进入新时代，学前教育面临着新的挑战和机遇。人们对学前教育的需求日益多样化、个性化，对学前教育的质量要求也越来越高。为了满足这些需求，学前教育需要不断创新和改进。一方面，学前教育需要更加注重儿童的身心发展规律，根据儿童的年龄特点和兴趣爱好设计更加科学、合理的教育方案；另一方面，学前教育也需要加强与其他教育阶段的衔接，为儿童的终身发展奠定坚实的基础。

随着全球化的加速和教育的国际化趋势，学前教育也开始注重跨文化交流和合作。各国之间的教育交流项目不断增加，学前教育工作者有机会学习借鉴其他国家的先进经验和方法。这种跨国界的合作与交流有助于推动学前教育的创新和发展，培养具有国际视野和跨文化交流能力的儿童。

学前教育的发展历程是一个不断探索、不断进步的过程。从古代的萌芽状态到现代的成熟体系，学前教育的理念、内容和方法都在不断地更新和完善。未来，随着社会的不断进步和人们对教育认知的深化，学前教育将继续迎来更加广阔的发展前景。我们有理由相信，在未来的发展中，学前教育将为更多优秀人才的培养奠定坚实的基础，为社会的繁荣和进步做出更大的贡献。

如何进一步提高学前教育的质量，确保每个儿童都能享受到优质的教育资源；如何更好地满足家长和社会的需求，推动学前教育的普及和均衡发展；如何加强学前教育的师资培养和专业发展，提高教育工作者的素质和能力等，这些都是需要深入思考和解决的问题。

需要继续加强学前教育的理论研究和实践探索，不断创新教育理念和方法，提高教育质量和效益。同时，也需要加强政策支持和投入保障，为学前教育的发展提供有力的保障和支持。只有这样，才能推动学前教育事业的可持续发展，为儿童的成长和社会的进步做出更大的贡献。

第四节　学前教育的发展现状

一、学前教育规模与普及水平

近年来，中国的学前教育规模快速扩大，普及水平稳步提升。根据教育部的数据，截至2023年年底，全国共有幼儿园27.44万所。其中，普惠性幼儿园23.64万所，占全国幼儿园的比例86.16%，比2022年增长1.2个百分点。2023年我国学前教育在园幼儿4092.98万人，其中，普惠性幼儿园在园幼儿3717.01万人。2023年，学前教育毛入园率91.1%，比2022年提高1.4个百分点，提前完成"十四五"规划目标。这些数据表明，中国的学前教育正在持续发展，普及率和普惠性覆盖率均有所提高，为更多的儿童提供了接受学前教育的机会。有效缓解了"入园难"问题。

二、教师队伍建设与质量提升

教育部引导各地加强学前教育质量内涵建设，提高教师队伍配备水平，幼儿园生师比从2013年的23.4∶1降低到了2023年的13.3∶1，这一变化显著提升了每位教师所能照顾到的儿童数量，使教育资源分配更为合理，有助于提高教育质量。专科以上园长和专任教师的占比达到了93.1%，比2013年提高了23.7个百分点，这表明教师队伍的整体学历水平有了显著提升，有助于提高教学质量和教育专业性。连续十年实施"幼师国培计划"，对幼儿园园长和专任教师进行全员培训，提升了教师的专业能力和教学水平。教育部印发了关于幼儿园保育教育、质量评估等方面的专业文件，引导幼儿园以游戏为基本活动，不断开展实践探索，深入推进幼小衔接攻坚行动，大力推广先进典型经验，促进幼儿入学平稳过渡。

三、政策与立法进展

教育部研究起草了《学前教育法（草案）》，并面向社会公开征求了意见。草案聚焦破除阻碍学前教育发展的体制机制障碍，着力凝练学前教育事业发展的成功政策经验，从明确学前教育定位、健全规划举办机制、规范学前教育实施、完善投入机制、健全监管体制等6个方面作出全面规定，保障学前教育可持续发展。

四、普惠性学前教育资源供给

促进学前教育普及普惠发展是党中央作出的重大决策部署。学前教育法强化落实政府责任，坚持促进学前教育普及普惠的立法导向，明确发展原则，规定国家推进普及学前教育，构建覆盖城乡、布局合理、公益普惠、安全优质的学前教育公共服务体系。各级人民政府应当采取措施，扩大普惠性学前教育资源供给；政府要通过直接举办公办幼儿园、支持国有企事业单位等其他公有主体举办公办幼儿园、扶持和规范社会力量举办普惠性民办幼儿园等方式，促进学前教育普惠发展。

五、学前教育的科技化与国际化

未来，科学技术在学前教育领域的应用将更加广泛，数字化教育、智能教育、虚拟现实等新技术将成为学前教育的重要组成部分，为孩子提供更加丰富、生动的学习体验。随着中国对外开放的不断深化，国际幼儿园、双语幼儿园等将在中国市场上迅速崛起，家长对于国际化教育的需求增加，国际幼儿园在中国的发展前景将更加广阔。

六、学前教育机构与家长合作

未来，学前教育机构与家长之间的合作将更加紧密。学前教育机构将加强与家长的沟通和互动，积极吸纳家长的意见和建议，共同促进孩子的健康成长。

第五节　当前学前教育存在的问题与挑战

学前教育作为儿童成长的启蒙阶段，其重要性不言而喻。然而，随着社会的快速发展和教育改革的不断深化，当前学前教育面临着诸多问题和挑战。这些问题不仅影响着学前教育的质量和效果，也制约了儿童的全面发展。因此，需要深入剖析当前学前教育存在的问题与挑战，以便更好地推动学前教育的改革与发展。当前学前教育存在的问题如图 1-1 所示。

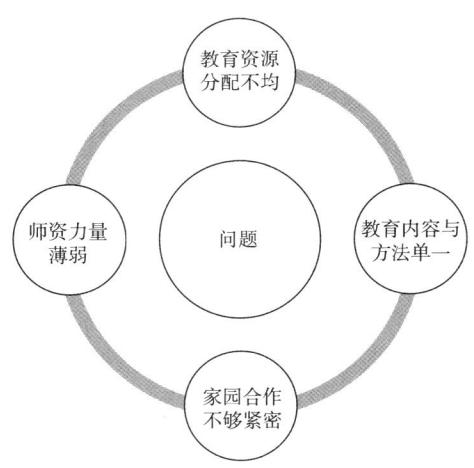

图 1-1　当前学前教育存在的问题

一、当前学前教育存在的主要问题

（一）教育资源分配不均

学前教育资源分配不均，是当前教育领域面临的一个突出问题。这一问题主要体现在城乡之间、不同区域之间以及优质与普通幼儿园之间的资源差距上,严重影响了学前教育的公平性和质量。

在城市地区,由于经济发展水平和人口聚集程度较高,政府对学前教育的投入也相对较大,优质的教育资源相对丰富。城市幼儿园不仅拥有更好的教育设施和教育环境,还能吸引到更多的优秀教师和教育资源。相比之下,农村地区由于经济相对落后、人口分散等原因,学前教育资源相对匮乏。许多农村地区的幼儿园面临着设施简陋、师资力量薄弱等问题,难以满足儿童的基本教育需求。这种城乡之间的差异,使得农村儿童在学前教育阶段就输在了起跑线上,对其未来的学习和发展产生了不利影响。

不同区域之间的学前教育资源分配也存在不平衡现象。在一些经济发达、教育资源丰富的地区,政府和社会对学前教育的投入较大,幼儿园数量多、质量好,能够满足家长和儿童的需求。然而,在一些经济欠发达、教育资源匮乏的地区,学前教育的发展则相对滞后。这些地区的幼儿园数量有限,教育质量也难以保证,导致许多儿童无法接受到高质量的学前教育。这种区域之间的差异,不仅影响了儿童的受教育机会,也制约了学前教育的整体发展。

优质与普通幼儿园之间的资源差距也是学前教育资源分配不均的一个重要原因。优质幼儿园往往拥有更好的教育设施、更优秀的教师队伍和更丰富的教育资源,能够为儿童提供更好的教育环境和教育体验。然而,这些优质幼儿园的数量有限,难以满足广大家长的需求。相比之下,普通幼儿园则面临着资源紧张、师资力量不足等问题,教育质量难以保证。这种优质与普通幼儿园之间的资源差距,使许多家庭在选择幼儿园时面临着困境,也加剧了学前教育资源分配的不公平性。

学前教育资源分配不均的问题,不仅影响了儿童的受教育机会和教育质量，也制约了学前教育的整体发展。为了解决这一问题，需要从多个方面入手。首先，政府应加大对学前教育的投入力度，特别是对经济欠发达地区和农村地区的倾斜支持，确保每个儿童都能享受到基本的教育资源。其次，应加强对学前教育的管理和监管，规范幼儿园的办学行为和教育质量，防止教育资源的浪费和滥用。再次，还应鼓励社会力量参与学前教育的发展，推动学前教育的多元化和普及化。最后，要关注优质教育资源的共享和均衡配置，通过师资交流、资源共享等方式，缩小优质幼儿园与普通幼儿园之间的差距，促进学前教育的公平发展。

解决学前教育资源分配不均的问题并非一蹴而就，需要政府、社会、家庭等多方面的共同努力❶。政府应制定更加科学合理的教育政策，加大对学前教育的投入和支持；社会应积极参与学前教育的发展，为儿童提供更多的教育机会和资源；家庭也应重视孩子的学前教育，为其选择适合的教育方式和环境。

除了上述措施外，还应注重学前教育师资的培养和引进。优秀的教师是学前教育资源的重要组成部分，他们的专业素养和教育能力直接影响到儿童的学习和发展。因此，政府和社会应加大对学前教育师资的投入，提高他们的待遇和地位，吸引更多的优秀人才从事学前教育工作。同时，还应加强对学前教育师资的培训和指导，提高他们的教育教学水平，确保每个儿童都能接受到高质量的教育。

还应加强家园合作，共同推动学前教育的发展。家庭是儿童成长的第一课堂，家长对学前教育的重视和参与程度直接影响到儿童的受教育效果。因此，幼儿园应加强与家长的沟通和合作，引导家长树立正确的教育观念，积极参与孩子的教育过程，共同促进儿童的健康

---

❶ 郭锴. 辽宁文化产业竞争力的钻石模型分析［J］. 沈阳工业大学学报（社会科学版），2009，2（1）：66-70.

成长。

学前教育资源分配不均是一个复杂而严峻的问题，需要从多个方面入手加以解决。只有通过政府、社会、家庭等多方面的共同努力，才能确保每个儿童都能享受到公平而有质量的学前教育，为其未来的学习和发展奠定坚实的基础。

（二）师资力量薄弱

学前教育师资力量薄弱是当前学前教育领域面临的一个重要问题。这一问题主要体现在教师数量不足、专业素养不高以及教育教学能力参差不齐等方面，严重制约了学前教育的质量和发展。

随着社会对学前教育重视程度的提高和家长对优质学前教育需求的增加，学前教育机构的数量也在不断增加。然而，与之相对应的却是学前教育教师的短缺。许多幼儿园在招聘教师时面临着困难，无法满足教育教学的需求。教师数量的不足导致了一些幼儿园只能降低招聘标准，雇佣一些没有相关教育背景或经验的人员从事教育工作，从而进一步降低了学前教育的质量。

学前教育教师的专业素养普遍不高也是一个亟待解决的问题。学前教育是一项专业性很强的工作，需要教师具备系统的教育知识、丰富的教育经验和良好的教育教学能力。然而，当前许多学前教育教师的专业素养并不达标。一些教师缺乏专业的教育知识和技能，难以胜任教育教学工作；一些教师虽然具备相关教育背景，但在实际工作中缺乏实践经验和创新能力，难以应对复杂多变的教育环境。这种专业素养的不足不仅影响了教师的教育教学效果，也制约了学前教育的整体发展。

学前教育教师的教育教学能力参差不齐也是一个不容忽视的问题。教育教学能力是教师的核心竞争力，直接关系到教育教学的质量和效果。然而，当前学前教育教师的教育教学能力存在着较大的差异。一些教师能够运用科学的教育方法和手段，激发儿童的学习兴趣和积极性，取得良好的教育教学效果；而一些教师则缺乏科学的教育理念和教学方法，难以有效地促进儿童的全面发展。这种教育教学能力的差异导致了学前教育质量的参差不齐，影响了儿童的受教育权益。

学前教育师资力量薄弱的问题，其根源在于多个方面。一方面，社会对学前教育的认识和重视程度不够，导致学前教育教师的社会地位和待遇相对较低，难以吸引和留住优秀人才。另一方面，学前教育教师的培养和培训体系不够完善，缺乏针对性和实效性，难以培养出具备高素质和教育教学能力的教师。此外，一些幼儿园在管理和运营方面存在不足，对教师的发展和支持不够，也加剧了师资力量薄弱的问题。

为了解决学前教育师资力量薄弱的问题，需要从多个方面入手。首先，应提高社会对学前教育的认识和重视程度，提升学前教育教师的社会地位和待遇，吸引更多优秀人才从事学前教育工作。其次，应完善学前教育教师的培养和培训体系，注重实践性和创新性，提高教师的专业素养和教育教学能力。同时，还应加强对幼儿园的管理和监督，确保其对教师的发展和支持到位，为教师的成长提供良好的环境和条件。

除了上述措施外，还应注重教师的职业发展和激励机制建设。学前教育是一项需要不断学习和进步的工作，教师应具备持续学习和自我提升的能力。因此，应建立完善的教师职业发展机制，为教师提供多样化的学习和发展机会，促进其专业素养和教育教学能力的不断提升。同时，还应建立科学的激励机制，激发教师的工作热情和创造力，使其能够更好地投入教育教学中。

家园合作也是提升学前教育师资力量的重要途径。家长是儿童成长的重要伙伴，他们的参与和支持对于提升教师的教育教学能力具有重要意义[1]。因此，应加强与家长的沟通和合作，引导家长积极参与孩子的教育过程，共同促进儿童的全面发展。通过家园合作，教师可以更好地了解儿童的需求和特点，有针对性地开展教育教学工作，提高教育的针对性和实效性。

学前教育师资力量薄弱是一个需要引起高度重视的问题。应从提高社会对学前教育的重视程度、完善教师的培养和培训体系、加强对幼儿园的管理和监督、注重教师的职业发展和激励机制建设以及加强家园合作等多个方面入手，努力提升学前教育师资的整体水平，为儿童的健康成长和全面发展提供有力的保障。只有这样，才能真正实现学前教育的公平和普及，为社会的和谐发展奠定坚实的基础。

（三）教育内容与方法单一

学前教育内容与方法单一，是当前学前教育领域普遍存在的问题。这一问题主要表现为教育内容的狭窄化、教学方法的刻板化，以及缺乏创新性和多样性，从而影响了学前教育的质量和效果。

学前教育内容的单一性是一个不容忽视的问题。当前，许多幼儿园的教育内容过于注重知识技能的传授，而忽视了儿童的身心发展特点和个体差异。教育内容往往局限于传统的学科知识，缺乏对儿童创造力、想象力、社交能力等综合素质的培养。这种单一的教育内容不仅难以激发儿童的学习兴趣，也限制了他们全面发展的可能性。

学前教育方法的单一性也制约了学前教育的发展。许多幼儿园在教学方法上过于刻板，缺乏灵活性和创新性。教师往往采用传统的讲授式教

---

[1] 仲国维，茅力，周靖平，等．"卫生化学"课程网络教学状况调查与思考——以南京医科大学为例［J］．科教文汇（下旬刊），2021（15）：89-91．

学，忽视了儿童的主动性和参与性。这种教学方法不仅难以激发儿童的学习热情，也难以培养他们的自主学习能力和解决问题的能力。同时，一些幼儿园缺乏对不同教学方法的探索和尝试，导致教学方法的单一和陈旧，难以适应现代学前教育的需求。

学前教育内容与方法单一的根源在于多方面的因素。一方面，传统教育观念的影响根深蒂固，许多家长和教师仍然认为学前教育就是简单的知识传授，忽视了儿童身心发展的全面性和多样性。另一方面，教育资源的不足也限制了学前教育内容的丰富性和教学方法的多样性。许多幼儿园由于经费、师资等条件的限制，难以开展丰富多彩的教育活动，也难以采用先进的教学方法。

学前教育内容与方法单一的问题对儿童的成长和发展产生了不良影响❶。首先，这种单一的教育内容和方法难以激发儿童的学习兴趣和积极性，容易导致他们对学习产生厌倦和抵触情绪。其次，缺乏多样性和创新性的教育不利于儿童综合素质的培养，可能使他们在未来的学习和生活中缺乏竞争力。最后，学前教育内容与方法单一还可能加剧教育不公平现象，使不同家庭背景的儿童在学前教育阶段就产生差距。

为了解决学前教育内容与方法单一的问题，需要从多个方面入手。首先，应更新教育观念，充分认识到学前教育在儿童全面发展中的重要作用，注重培养儿童的综合素质和能力。其次，应加强教育资源的投入和管理，提高幼儿园的办学水平和教育质量。政府和社会应加大对学前教育的投入力度，改善幼儿园的硬件设施和软件环境，为儿童提供更好的学习和成长条件。

解决这一问题，还应积极探索和尝试多样化的教育内容和教学方法。

---

❶ 蔡红英. 高中生物教学培养学生核心素养的策略［J］. 高考，2019（34）：112.

在教育内容上，应注重儿童的身心发展特点和个体差异，开展丰富多彩的教育活动，包括游戏、音乐、艺术、体育等多种形式，以激发儿童的学习兴趣和创造力。在教学方法上，应采用灵活多样的教学手段和策略，如启发式教学、探究式教学、合作学习等，以培养儿童的自主学习能力和解决问题的能力。

加强师资培训也是解决学前教育内容与方法单一问题的重要途径。幼儿园教师应具备先进的教育理念和丰富的教学经验，能够灵活运用各种教学方法和手段。因此，应加强对幼儿园教师的培训和指导，提高他们的专业素养和教育教学能力，以使其能够更好地适应现代学前教育的需求。

家园合作也是推动学前教育内容与方法多样化的关键力量。家长是儿童成长的重要伙伴，他们的参与和支持对于丰富教育内容和创新教学方法具有重要意义。幼儿园应加强与家长的沟通和合作，引导家长积极参与孩子的教育过程，共同探索适合儿童发展的教育内容和方法。

学前教育内容与方法单一是一个需要引起高度重视的问题。应从更新教育观念、加强教育资源投入、探索多样化教育内容和教学方法、加强师资培训以及推动家园合作等多个方面入手，努力改善学前教育现状，为儿童的全面发展提供更有力的支持。只有这样，才能真正发挥学前教育在儿童成长中的重要作用，为社会的和谐发展和国家的繁荣富强打下坚实的基础。

（四）家园合作不够紧密

在当前学前教育实践中，学前教育家园合作不够紧密是一个亟待解决的问题。家园合作是指幼儿园和家庭之间的紧密合作，共同为儿童的成长和发展创造良好的环境和条件。然而，现实中这种合作往往存在诸多不足，导致教育资源的浪费和儿童发展机会的错失。

学前教育家园合作不够紧密体现在沟通渠道不畅通上。家长和幼儿园之间缺乏有效的沟通机制，导致信息传递不及时、不准确。一些家长对幼儿园的教育理念、教学方法以及孩子在幼儿园的表现了解不足，无法有效配合幼儿园的教育工作。同时，幼儿园也缺乏对家长的及时反馈，无法及时了解家长的需求和意见，难以形成有效的家园互动。

学前教育家园合作不够紧密还表现在合作内容单一上。目前，家园合作主要集中在一些表面的、形式化的活动上，如家长会、亲子活动等，缺乏深入的教育合作。幼儿园未能充分利用家长资源，开展丰富多样的教育活动，如邀请家长参与课程设计、教学实施等。同时，家长也缺乏参与幼儿园教育的积极性和能力，无法为孩子的成长提供有力的支持。

学前教育家园合作不够紧密还受到一些制度性因素的影响。目前，我国尚未建立起完善的家园合作法律法规和政策体系，导致家园合作缺乏明确的指导和规范。同时，一些幼儿园在家园合作方面缺乏专业指导和培训，导致教师缺乏合作意识和能力。此外，社会对家园合作的重视程度不足，也制约了家园合作的深入开展。

学前教育家园合作不够紧密对儿童的成长和发展产生了不良影响。首先，这种不紧密的合作导致了教育资源的浪费。家长和幼儿园各自拥有独特的教育资源和优势，但由于缺乏有效合作，这些资源无法得到充分利用。其次，不紧密的合作也限制了儿童的发展机会。儿童在成长过程中需要得到多方面的支持和引导，而家园合作的缺失使得儿童无法获得充分的关注和培养。此外，家园合作不够紧密还可能引发家长和幼儿园之间的误解和矛盾，影响教育工作的顺利开展。

为了解决学前教育家园合作不够紧密的问题，需要从多个方面入手。首先，应建立健全家园合作的沟通机制。幼儿园应建立有效的沟通渠道，定期与家长进行交流，及时向家长传达孩子的表现和进步。同时，也应积极倾听家长的意见和建议，不断改进教育工作。其次，应丰富家园合作的内容和形式。幼儿园可以充分利用家长资源，开展多样化的教育活动，如邀请家长参与课程设计、教学实施等❶。最后，还可以通过线上平台等方式加强家园之间的日常交流和互动。

加强家园合作的制度建设和政策支持也是解决这一问题的关键。政府应出台相关政策法规，明确家园合作的地位和作用，为家园合作提供法律保障和政策支持。此外，还应加大对幼儿园家园合作工作的投入力度，提供必要的经费和资源保障。

在加强家园合作的过程中，还应注重提升教师和家长的合作意识和能力。幼儿园应加强对教师的培训和教育，提高他们的专业素养和合作能力。同时，也应积极开展家长教育活动，引导家长树立正确的教育观念和方法，提高他们参与家园合作的积极性和能力。

家园合作还应注重针对性和实效性。不同家庭背景、不同年龄段的儿童具有不同的需求和特点，因此家园合作应根据实际情况制订个性化的合作方案，确保合作效果的最大化。

我们还应认识到家园合作是一个长期而复杂的过程，需要双方共同努力和坚持。只有建立起紧密的合作关系，才能真正实现家园共育的目标，为儿童的全面发展创造更加良好的环境和条件。

学前教育家园合作不够紧密是一个亟待解决的问题。通过建立健全沟通机制、丰富合作内容和形式、加强制度建设和政策支持以及提升教师和家长的合作意识和能力等措施，可以有效改善这一现状，为儿童的健康成长和全面发展提供更加有力的支持。

---

❶ 端雪梅. 幼儿园教育中如何用好家长资源[J]. 幸福家庭，2020（16）：38.

二、当前学前教育面临的挑战（图1-2）

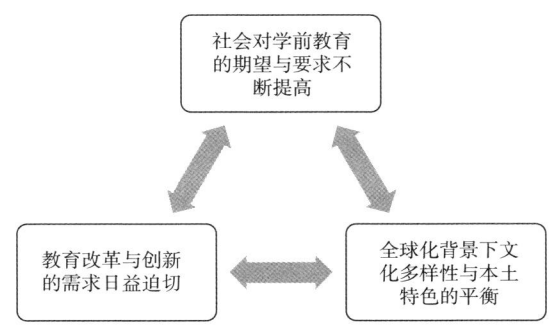

图1-2　当前学前教育面临的挑战

（一）社会对学前教育的期望与要求不断提高

随着时代的进步和社会的发展，学前教育作为儿童成长的关键阶段，越来越受到社会各界的关注和重视。人们对学前教育的期望和要求也随之不断提高，这既体现了社会对儿童发展的深切关怀，也反映了教育理念的更新和教育质量的提升。

社会对学前教育的期望体现在对儿童全面发展的关注上。过去，人们对学前教育的理解往往停留在简单的看管和照顾层面，认为只要保证孩子的安全和基本生活需求就足够了。然而，随着教育理念的不断更新，人们逐渐认识到学前教育在儿童身心发展、智力开发、情感培养等方面的重要作用。因此，现在的家长和社会更期望学前教育能够提供丰富多彩的教育活动，促进儿童在认知、语言、艺术、体育等多个领域的全面发展。

社会对学前教育的期望还体现在对教育质量的高要求上。随着人们对教育的重视程度不断提高，对学前教育的质量要求也日益严格。家长和社会期望学前教育机构能够拥有专业的师资队伍、完善的教学设施和科学的教育方法，确保孩子能够在安全、健康、快乐的环境中成长。同时，他们还期望学前教育能够注重个体差异，因材施教，为每个孩子提供个性化的教育方案，以满足他们不同的成长需求。

社会对学前教育的期望还包括对教育公平性的追求。在当前社会背景下，教育公平已成为人们普遍关注的问题。家长和社会期望学前教育能够打破地域、经济等条件的限制，为所有孩子提供平等的教育机会。他们希望学前教育机构能够关注弱势群体的教育需求，通过政策扶持和资源倾斜等方式，确保每个孩子都能享受到优质的学前教育资源。

除了上述期望外，社会对学前教育的要求也在不断提高。这主要体现在对学前教育机构的规范化管理和监督上。家长和社会期望政府能够加大对学前教育机构的监管力度，制定更为严格的管理标准和评估体系，以确保学前教育机构的教育质量和安全水平。同时，他们还期望学前教育机构能够自觉遵守相关法律法规和政策要求，规范自身的办学行为，为儿童创造一个良好的学习和成长环境。

随着信息技术的快速发展和普及，社会对学前教育的要求也体现在教育技术的创新应用上。家长和社会期望学前教育机构能够充分利用现代教育技术手段，如多媒体教学、在线教育等，丰富教学手段和内容，提高教育教学的效率和效果。这不仅有助于激发儿童的学习兴趣和积极性，还有利于培养他们的信息素养和创新能力。

社会对学前教育的期望和要求还体现在对家园共育的重视上。家长和社会期望学前教育机构能够与家庭建立良好的沟通与合作机制，共同关注孩子的成长和发展。他们希望学前教育机构能够积极向家长传递科学的教育理念和方法，引导家长正确参与孩子的教育过程。同时，家长也期望能够更多地参与到学前教育机构的活动中来，与教师共同协作，共同促进孩子的全面发展。

为了满足社会对学前教育的期望和要求，需要从多个方面入手进行改进和提升。首先，需要加强学前教育师资队伍的建设，提高教师的专业素养和教育能力。其次，需要完善学前教育的教学设施和资源配备，为孩子提供更为优质的教育环境。此外，还需要加大对学前教育的规范化管理和监督力度，确保教育质量和安全水平。同时，还应积极推动家园共育工作的开展，加强家长与学前教育机构之间的沟通与合作。

社会对学前教育的期望与要求不断提高是时代发展的必然趋势。需要积极应对这一挑战，不断改进和提升学前教育的质量和水平，以满足社会和家长对儿童全面发展的期望和要求。只有这样，才能为儿童的未来奠定坚实的基础，为社会的和谐发展贡献力量。

（二）教育改革与创新的需求日益迫切

随着社会的快速发展和教育理念的更新，学前教育改革与创新的需求日益迫切。学前教育作为儿童成长的奠基阶段，对于儿童的认知、情感、社会性等各方面发展具有至关重要的影响。因此，为了满足儿童全面发展的需求，适应社会变革的挑战，学前教育必须进行深入的改革与创新。

学前教育改革与创新的需求迫切体现在以下6个方面：

（1）对教育理念更新的追求上。传统的教育理念往往注重知识的灌输和技能的训练，忽视了儿童的兴趣、情感和个性发展。然而，随着人们对教育本质认识的深化，越来越多的教育者开始关注儿童的全面发展，强调以儿童为中心，尊重儿童的主体地位，注重培养儿童的创造力、批判性思维和解决问题的能力。因此，学前教育改革需要更新教育理念，以更加科学、合理的方式指导教育实践。

（2）对教育内容的拓展上。传统的学前教育内容往往局限于狭窄的知识领域，缺乏多样性和综合性。然而，随着社会的快速发展和科技的进步，儿童面临的世界越来越复杂多变。因此，学前教育改革需要拓展教育内容，引入更多元化的知识和经验，包括科学、艺术、社会、情感等各个方面，以促进儿童全面发展。同时，还需要注重教育内容的连贯性和系统性，确保儿童在不同阶段的学习能够相互衔接、逐步深入。

（3）对教育方法的改进上。传统的教育方法往往采用单一的教学方式，缺乏灵活性和创新性。然而，每个儿童都是独特的个体，他们具有不同的学习方式和兴趣爱好❶。因此，学前教育改革需要改进教育方法，采用更加灵活多样的教学手段和策略，以满足不同儿童的学习需求。例如，可以运用游戏化教学、项目式学习等创新方法，激发儿童的学习兴趣和主动性，提高他们的学习效果。

（4）教师队伍建设的迫切性上。教师是学前教育的核心力量，他们的专业素养和教育能力直接影响着教育质量。然而，当前学前教育教师队伍普遍存在着专业素养不高、教育创新能力不足等问题。因此，学前教育改革需要加强教师队伍建设，提高教师的专业素养和教育能力。可以通过加强教师培训、引进优秀人才、建立激励机制等方式，打造一支高素质、专业化的学前教育教师队伍，为学前教育的改革与创新提供有力的人才保障。

（5）教育环境的优化上。良好的教育环境是儿童成长的重要保障，它能够为儿童提供安全、舒适、富有挑战性的学习空间。因此，学前教育改革需要优化教育环境，营造有利于儿童全面发展的氛围。可以通过改善幼儿园的硬件设施、丰富教育资源、加强校园文化建设等方式，为儿童创造一个丰富多彩、充满乐趣的学习环境。

（6）学前教育改革与创新的迫切需求还与社会发展的要求紧密相连。随着社会的不断进步和经济的持续发展，人们对学前教育的期望和要求也在不断提高。学前教育不仅要为儿童提供基本的教育服务，还要关注儿童

---

❶ 景维伟. 浅谈分层教学在小学体育教学中的运用［J］. 学周刊，2019（24）：174.

的社会适应能力和未来竞争力的培养。因此，学前教育改革需要紧跟时代发展的步伐，不断创新教育模式和方法，以满足社会对学前教育的更高期望和要求。

学前教育改革与创新的需求日益迫切。需要从教育理念、教育内容、教育方法、教师队伍建设以及教育环境等多个方面入手，进行深入的改革与创新。只有这样，才能为儿童的全面发展提供更好的支持，为社会的持续进步贡献更多的力量。同时，也需要认识到学前教育改革与创新是一项长期而艰巨的任务，需要持续不断地努力和探索。相信在全社会的共同努力下，学前教育改革与创新一定能够取得更加显著的成果。

（三）全球化背景下文化多样性与本土特色的平衡

随着全球化进程的加速推进，学前教育领域也受到了广泛而深远的影响。全球化不仅带来了教育资源的共享、教育理念的更新，也引发了关于文化多样性与本土特色之间平衡的深刻思考。在学前教育全球化背景下，如何既保持和弘扬本土文化特色，又充分吸收和借鉴世界各国的优秀教育经验，成为摆在面前的一个重要课题。

需要认识到文化多样性在学前教育中的重要意义。文化多样性是人类社会进步的重要动力，也是学前教育的重要资源。不同的文化背景下，儿童的成长环境、价值观念、行为习惯等方面都存在差异。学前教育应当尊重并包容这些差异，为儿童提供一个多元文化的学习环境，帮助他们拓宽视野，增强跨文化交流的能力。同时，文化多样性也有助于激发儿童的创造力和创新精神，培养他们的全球意识和国际竞争力。

在全球化背景下，学前教育也面临着本土文化特色被淡化的风险。随着外来文化的涌入，一些地区的学前教育机构可能过于追求与国际接轨，忽视了本土文化的传承和发扬。这不仅可能导致儿童对本土文化的认同感降低，还可能使他们在面对外来文化时产生迷茫和困惑。因此，在学前教育全球化过程中，必须注重保持和弘扬本土文化特色。

要实现文化多样性与本土特色的平衡，需要从以下几个方面着手：

一是加强本土文化教育。学前教育机构应当结合当地的历史、文化、传统等因素，设计富有本土特色的课程和活动。通过讲述本土故事、传承民间艺术、体验民族风情等方式，让儿童了解并热爱自己的文化根源。同时，也要引导儿童理解和尊重其他文化，培养他们的跨文化意识和能力。

二是引进国际先进教育理念和方法。全球化为我们提供了学习和借鉴的机会。学前教育机构可以积极引进国际先进的教育理念和方法，如项目式学习、探究式学习等，以提高教育质量和效果。同时，也要结合本土实际，对这些理念和方法进行本土化改造，使其更好地适应本土文化环境。

三是加强师资培训。教师是实现文化多样性与本土特色相平衡的关键力量。学前教育机构应当加强对教师的培训和教育，提高他们的文化素养和教育能力。通过组织教师参加文化交流活动、学习国际先进教育理念、研究本土文化特色等方式，使教师能够在教学中更好地融入文化多样性和本土特色元素。

四是建立多元文化教育评价体系。评价是教育的重要组成部分，也是推动文化多样性与本土特色平衡的重要手段。学前教育机构应当建立多元文化教育评价体系，注重对儿童在多元文化环境下的学习和发展进行评价。通过收集和分析儿童在跨文化交流、本土文化传承等方面的表现数据，为改进教育方法和内容提供依据。

还需要关注家庭、社区等外部因素对学前教育文化多样性与本土特色平衡的影响。家庭是儿童成长的第一课堂，家长的文化素养和教育观念对儿童的成长具有重要影响。社区作为儿童生活的重要环境，也承载着丰富的文化资源和教育功能。因此，学前教育机构应当积极与家长和社区合作，共同推动文化多样性与本土特色的平衡发展。

在学前教育全球化背景下,实现文化多样性与本土特色的平衡是一项长期而艰巨的任务。需要从多个方面入手,加强本土文化教育、引进国际先进教育理念和方法、加强师资培训、建立多元文化教育评价体系等,为儿童创造一个既充满多元文化气息又富有本土特色的学习环境。同时,也要注重家庭、社区等外部因素的影响,形成教育合力,共同推动学前教育的健康发展。只有这样,才能培养出既具有国际视野又热爱本土文化的未来一代,为社会的和谐与进步贡献力量。

三、应对当前学前教育存在问题与挑战的策略

学前教育作为儿童成长的基础阶段,对于儿童的全面发展具有至关重要的作用。然而,当前学前教育面临着诸多问题与挑战,这些问题不仅影响了学前教育的质量,也制约了儿童的健康成长。因此,制定和实施有效的策略来应对这些问题和挑战显得尤为重要。

首先,需要正视学前教育资源分配不均的问题。在一些地区,尤其是经济欠发达地区,学前教育资源严重不足,幼儿园数量少,师资力量薄弱,教育设施简陋。为了应对这一问题,政府应加大投入,提高学前教育经费占比,优先保障学前教育的基本需求。同时,鼓励社会力量参与学前教育,通过多元化办学模式,增加学前教育供给。此外,还可以通过开展师资培训、提升教师待遇等方式,吸引更多优秀人才投身学前教育事业❶。

其次,学前教育质量问题也是当前亟待解决的挑战。一些幼儿园存在教育内容单一、教学方法陈旧、过度强调知识灌输等问题,导致儿童的学习兴趣受到抑制,创造力得不到发挥。为了提升学前教育质量,应更新教育理念,注重儿童的个体差异,实施因材施教。同时,加强课程建设和教

---

❶ 李萍,熊淑萍.深化学前教育政策研究[J].教育教学论坛,2023(23):33-36.

学改革，引入先进的教育技术和手段，丰富教育内容和形式。此外，建立科学的评价体系，对幼儿园的教育质量进行定期评估和反馈，促进教育质量的持续提升。

最后，学前教育还面临着师资队伍建设的挑战。目前，学前教育师资队伍整体素质有待提高，部分教师缺乏专业知识和技能，难以满足儿童全面发展的需求。为了加强师资队伍建设，应提高教师准入门槛，确保教师具备相应的专业背景和资格。同时，加强在职教师的培训和进修，提升他们的专业素养和教育能力。此外，建立激励机制，鼓励教师积极投身学前教育实践和研究，推动教师队伍的整体发展。

除了上述问题，学前教育还需要应对家长和社会对学前教育的过度期望和误解。一些家长过于追求孩子在学前教育阶段的知识学习，忽视了儿童身心发展的规律和特点，给学前教育带来了不必要的压力。为了缓解这一问题，需要加强家长教育和沟通工作，引导家长正确理解和认识学前教育的价值和意义。通过举办家长学校、开展亲子活动等方式，增进家长对学前教育的了解和信任，形成家园共育的良好氛围。

我们还应关注学前教育与小学教育的衔接问题。当前，学前教育与小学教育之间存在一定程度的脱节，导致儿童在升入小学后难以适应新的学习环境。为了解决这个问题，需要加强学前教育与小学教育之间的沟通和合作，建立有效的衔接机制。通过共同制订教学计划、开展联合教研等方式，确保儿童在学前阶段能够打下良好的学习基础，顺利过渡到小学阶段。

针对当前学前教育中普遍存在的安全问题，也应采取相应的措施加以应对。这包括加强幼儿园的安全设施建设，完善安全管理制度，提高师生的安全意识等。同时，还需要加强食品安全、卫生保健等方面的监管工作，确保儿童的身心健康得到有效保障。

为了应对学前教育面临的挑战和问题，还需要从政策层面进行引导和规范。政府应出台相关政策文件，明确学前教育的发展方向和目标，为学前教育的发展提供有力保障。同时，加强对学前教育的监管和评估工作，确保各项政策得到有效执行。

应对当前学前教育存在问题与挑战的策略是一个复杂而系统的工程。需要从多个方面入手，加大投入、提升质量、加强师资队伍建设、引导家长和社会正确认识学前教育、加强幼小衔接以及保障安全等方面努力。只有这样，才能为儿童创造一个更加优质、安全、健康的学前教育环境，促进他们的全面发展。同时，也需要不断总结经验教训，持续改进和完善策略措施，以应对未来可能出现的新的问题和挑战。

第二章 儿童发展与学前教育

第一节 学前教育与儿童生理、心理和认知发展

学前教育作为儿童早期发展的重要阶段，对于儿童的生理、心理和认知发展具有至关重要的影响。在学前教育阶段，儿童正处于身心发展的关键时期，他们的身体机能、情感表达和认知能力都在迅速发展。因此，学前教育需要充分考虑儿童的身心发展特点，提供有针对性的教育内容和方式，以促进儿童的全面发展。

一、学前教育与儿童生理发展特点的关系

学前教育是儿童成长过程中的一个重要阶段，它对于儿童生理发展具有深远的影响。在学前阶段，儿童的生理发展处于快速而敏感的时期，学前教育通过一系列有针对性的活动和措施，有效地促进儿童的生理发展。下面将从多个方面详细探讨学前教育与儿童生理发展特点的关系。

学前教育重视儿童的体能发展。学前阶段，儿童的肌肉力量、协调性、平衡感和灵敏性等方面都在迅速发展。学前教育机构通过组织各种户外活动和运动游戏，为儿童提供充足的运动机会。这些活动不仅能够锻炼儿童的身体，增强体质，还能够培养儿童的运动兴趣和习惯。此外，学前教育还注重培养儿童的团队精神和竞技意识，通过各种团队活动和比赛，让儿童学会合作与竞争，从而培养健康的心理品质。

学前教育关注儿童的感官发展。在学前阶段，儿童的感觉器官逐渐发育成熟，对周围环境的感知能力日益增强。学前教育机构可以充分利用儿童的感官特点，通过提供丰富多样的视听材料、色彩鲜艳的玩具和有趣的教学活动，刺激儿童的视觉、听觉、触觉等感官。这种感官刺激有助于儿童更好地认识和理解世界，促进他们的认知发展和语言习得。同时，学前教育还注重培养儿童的观察力、注意力和想象力等心理品质，为他们的未来发展奠定坚实的基础。

学前教育还关注儿童的饮食营养和作息规律。学前阶段是儿童生长发育的关键时期，良好的饮食习惯和生活规律对于儿童的生理发展至关重要。学前教育机构通过提供营养均衡的膳食和合理安排作息时间，确保儿童获得充足的营养和休息。这有助于儿童形成健康的饮食习惯和生活规律，预防各种营养性疾病和不良生活习惯的发生。同时，学前教育还注重培养儿童的自理能力和卫生习惯，让他们学会自己吃饭、穿衣、洗漱等基本生活技能，为未来的独立生活做好准备。

在学前教育阶段，儿童的生理发展还表现为神经系统的不断完善。儿童的神经系统在学前阶段经历着快速的发育和成熟，学前教育机构通过一系列的教育活动，促进儿童神经系统的发育。例如，通过音乐、绘画、舞蹈等艺术活动，激发儿童的想象力和创造力，促进他们的大脑发育和神经网络的连接。同时，学前教育注重培养儿童的思维能力和解决问题的能力，通过各种益智游戏和探究活动，锻炼儿童的逻辑思维和创新能力。

学前教育还关注儿童的骨骼和牙齿发育。学前阶段是儿童骨骼和牙齿发育的关键时期，学前教育机构通过合理安排户外活动时间和运动方式，促进儿童骨骼的发育和健康成长。同时，学前教育注重培养儿童的口腔卫生习惯，通过教育儿童正确的刷牙方法和定期的口腔检查，预防牙齿疾病的发生，保护儿童的口腔健康。

除了上述方面外，学前教育同样注重培养儿童的自我保护意识和能力。学前阶段的儿童对于危险和安全的认知尚不完善，学前教育机构通过教育儿童识别危险源、学习避险技能和培养安全意识，帮助他们建立正确的安全观念和行为习惯。这有助于儿童在面对潜在危险时能够采取正确的应对措施，保护自己的安全。

学前教育对儿童生理发展的影响表现在多个方面。学前教育通过体能锻炼、感官刺激、饮食营养、作息规律等方面的培养，有效地促进儿童的生理发展。同时，学前教育还关注儿童的神经系统、骨骼和牙齿发育以及自我保护能力的培养，为儿童的健康成长奠定坚实的基础。因此，学前教育在儿童成长过程中具有不可替代的作用，应该得到充分的重视和关注。

随着教育理念的不断更新和进步，学前教育将更加注重儿童生理发展的特点和需求。通过提供更加科学、系统、个性化的教育方案，学前教育将进一步促进儿童的全面发展，为他们的未来成长打下坚实的基础。同时，也应该认识到，学前教育是综合性的，需要家庭、学校和社会等多方面的共同参与和支持，才能够取得最佳的教育效果。

二、学前教育与儿童心理发展特点的关系

学前教育作为儿童早期发展的重要阶段，对儿童心理发展具有深远的影响。在学前阶段，儿童的心理特点逐渐显现，学前教育则通过一系列有针对性的教学活动和策略，有效地促进儿童心理发展。以下将详细探讨学前教育与儿童心理发展特点的关系。

学前教育关注儿童认知能力的发展。学前阶段是儿童认知能力迅速发展的时期，儿童开始逐渐掌握感知、注意、记忆、思维等认知能力。学前教育机构通过提供丰富多样的教育材料和教学环境，激发儿童的好奇心和探索欲望，促进他们主动学习和思考。在教学过程中，学前教育注重培养

儿童的观察力、注意力和记忆力，通过各种游戏和活动，让儿童在玩耍中学习和成长。同时，学前教育还关注儿童的思维发展，通过引导儿童进行逻辑推理、问题解决等创造性思维活动，培养他们的思维能力和创新能力。

学前教育重视儿童情感和社会性的发展。学前阶段是儿童情感和社会性发展的关键时期，儿童开始逐渐形成自己的情感表达方式和社交技能。学前教育机构通过营造温馨、和谐的教育氛围，让儿童感受到关爱和尊重，从而培养他们的积极情感和情绪管理能力。在教学过程中，学前教育注重培养儿童的社交能力，通过组织各种团队活动和角色扮演游戏，让儿童学会与他人合作、分享和沟通。同时，学前教育还关注儿童自我意识的发展，通过引导儿童认识自己、接纳自己并表达自己的情感和想法，培养他们的自我认同感和自我价值感。

学前教育还关注儿童的语言和沟通能力的发展。语言是儿童表达思想、交流情感和获取信息的重要工具，学前阶段是儿童语言发展的关键时期。学前教育机构通过提供丰富的语言环境和多样的语言刺激，促进儿童语言能力的发展[1]。在教学过程中，学前教育注重培养儿童的听说能力，通过组织故事会、角色扮演和对话练习等活动，让儿童在实践中学习和运用语言。同时，学前教育还关注儿童阅读兴趣和阅读能力的培养，通过提供适合儿童年龄特点的绘本和图书，引导儿童养成良好的阅读习惯。

在学前教育阶段，儿童的心理发展还表现为创造力的萌芽。学前儿童具有丰富的想象力和好奇心，他们对周围世界充满好奇和探索欲望。学前教育机构通过提供开放式的教学环境和材料，鼓励儿童自由发挥、大胆创新，培养他们的创造力和创新精神。同时，学前教育还注重培养儿童的实

---

[1] 吴春梅.试论如何提高智障学生口语表达能力［J］.成才之路，2021（24）：62-63.

践能力和动手能力，通过各种手工制作和实验活动，让儿童在实践中探索和创新。

学前教育关注儿童的道德发展。学前阶段是儿童道德观念和行为习惯形成的关键时期。学前教育机构通过教育儿童遵守规则、尊重他人、诚实守信等道德原则，培养他们的道德意识和道德情感。在教学过程中，学前教育注重引导儿童形成正确的价值观和行为习惯，通过榜样示范和情境模拟等方式，让儿童在实践中学习和践行道德行为。

学前教育注重培养儿童的自信心和自主能力。学前阶段是儿童建立自信心和自主能力的重要时期。学前教育机构通过提供适当的挑战和机会，让儿童在实践中体验成功和失败，从而培养他们的自信心和自主能力。在教学过程中，学前教育注重鼓励儿童独立思考、自主决策和解决问题，让他们学会自主学习和自我管理。

学前教育对儿童心理发展的影响表现在多个方面。学前教育通过关注儿童的认知能力、情感和社会性、语言和沟通能力、创造力、道德发展以及自信心和自主能力的培养，有效地促进儿童心理发展。这些教学活动和策略不仅有助于儿童在学前阶段形成良好的心理品质和行为习惯，还为他们的未来发展奠定了坚实的基础。因此，学前教育在儿童成长过程中具有不可替代的作用，应该得到充分的重视和关注。

在未来的学前教育实践中，我们应该进一步研究和探索如何更好地促进儿童心理发展。例如，可以通过优化教育环境、创新教学方法、加强家园合作等方式，为儿童提供更加全面、科学、个性化的教育服务。同时，也应该关注儿童心理发展的个体差异和特殊需求，为有特殊需求的儿童提供有针对性的支持和帮助。

学前教育机构还应该加强师资队伍建设，提高教师的专业素养和教育能力。教师应该具备儿童心理学、教育学等相关知识素养，能够准确把握儿童心理发展的特点和规律，制订科学的教育计划和教学策略。同时，教师还应该具备良好的沟通能力和亲和力，能够与儿童建立良好的师生关系，促进儿童的全面发展。

在未来的学前教育实践中，应该继续关注和研究儿童心理发展的特点和需求，为儿童提供更加优质、全面、个性化的教育服务，促进他们的全面发展和健康成长。

三、学前教育与儿童认知发展特点的关系

学前教育作为儿童早期教育的重要组成部分，对儿童认知发展具有深远的影响。在学前阶段，儿童的认知能力逐渐发展，学前教育则通过一系列有针对性的教学活动和策略，有效地促进儿童认知能力的提升。以下将详细探讨学前教育对儿童认知发展特点的关系。

学前教育注重培养儿童的感知能力。感知是儿童认知发展的基础，学前儿童通过感知来认识和理解周围的世界。学前教育机构通过提供丰富多样的感知材料和环境，让儿童能够接触到各种形状、颜色、声音等刺激，从而培养他们的感知能力。在教学过程中，学前教育注重引导儿童主动观察、探索和发现，让他们通过亲身实践来感知和理解事物的本质和特征。

学前教育强调培养儿童的注意力。注意力是儿童认知发展的关键能力，它影响着儿童对信息的接收、加工和记忆。学前教育机构通过设计有趣、生动的教学活动，吸引儿童的注意力，让他们能够长时间地专注于某项任务或活动。同时，学前教育还注重培养儿童的自我控制能力，让他们能够主动调节自己的注意力，提高学习效果。

学前教育还关注儿童记忆力的培养。记忆是儿童认知发展的重要组成部分，它帮助儿童储存和回忆过去的信息和经验。学前教育机构通过组织

各种记忆游戏和活动，让儿童在轻松愉快的氛围中锻炼记忆力。在教学过程中，学前教育注重培养儿童的记忆策略，如联想记忆、重复记忆等，让他们能够更有效地记忆信息。

除了上述方面外，学前教育也注重培养儿童的思维能力和解决问题的能力。思维是儿童认知发展的高级阶段，它涉及分析、综合、比较、判断等复杂过程。学前教育机构通过设计具有挑战性和启发性的教学活动，激发儿童的思维活力，培养他们的逻辑思维能力、创造性思维能力和批判性思维能力。同时，学前教育还注重培养儿童解决问题的能力，让他们在面对问题时能够独立思考、寻找解决方案，从而提高他们的自主性和创新性。

在学前教育阶段，儿童的认知发展还表现为语言能力的迅速提升。语言是儿童认知发展的重要工具，也是他们表达思想、交流情感的主要手段。学前教育机构通过提供丰富的语言环境，如故事、歌曲、绘本等，让儿童接触并学习语言。在教学过程中，学前教育注重培养儿童的听说能力，鼓励他们大胆表达自己的想法和感受，同时注重培养他们的阅读兴趣和阅读能力，为将来的学习打下坚实的基础。

学前教育关注儿童数学逻辑思维的培养。数学逻辑思维是儿童认知发展的重要方面，它有助于儿童理解数量关系、空间概念等抽象概念。学前教育机构通过组织各种数学游戏和活动，让儿童在玩耍中学习数学，培养他们的逻辑思维能力和解决问题的能力。

学前教育注重培养儿童的想象力和创造力。想象力和创造力是儿童认知发展的重要组成部分，它们有助于儿童拓展思维空间，发现新的可能性。学前教育机构通过提供多样化的材料和活动，激发儿童的想象力和创造力，让他们能够自由发挥、大胆创新。

在学前教育阶段，儿童的认知发展还表现为对周围环境的探索和好奇。学前儿童对周围的世界充满好奇，他们渴望了解事物的本质和规律。学前教育机构通过提供开放性的教育环境和资源，鼓励儿童主动探索、发现和学习，满足他们的好奇心和求知欲。

学前教育注重培养儿童的合作意识和团队精神。在学前阶段，儿童开始逐渐融入集体生活，与他人进行合作和互动。学前教育机构通过组织各种团队活动和合作项目，让儿童学会与他人合作、分享和互助，培养他们的合作意识和团队精神。

学前教育对儿童认知发展的影响表现在多个方面。学前教育通过培养儿童的感知能力、注意力、记忆力、思维能力、语言能力、逻辑思维、想象力和创造力等，有效地促进儿童认知能力的提升。同时，学前教育还注重培养儿童的探索精神、好奇心、合作意识和团队精神等品质，为他们的全面发展打下坚实的基础。因此，学前教育在儿童认知发展过程中具有不可替代的作用，应该得到充分的重视和关注。

在未来的学前教育实践中，应该进一步研究和探索如何更好地促进儿童认知发展。例如，可以通过优化教育环境、创新教学方法、加强家园合作等方式，为儿童提供更加全面、科学、个性化的教育服务。同时，也应该关注儿童认知发展的个体差异和特殊需求，为有特殊需求的儿童提供有针对性的支持和帮助。

第二节　儿童心理健康与情感教育

儿童心理健康与情感教育在儿童成长过程中占据着举足轻重的地位。它们不仅关乎儿童的心理健康和幸福感，更是影响其未来人格形成、社交能力乃至学业成就的关键因素。因此，对儿童心理健康与情感教育的深入探讨，对于促进儿童全面发展具有深远的意义。

一、儿童心理健康的重要性

儿童心理健康的重要性，不仅体现在他们当前的生活质量和幸福感上，更深远地影响着他们的未来人生轨迹和整个社会的和谐稳定。它是儿童成长道路上不可或缺的基石，关系到儿童的认知、情感、社交和身体等多方面的发展。

儿童心理健康是智力发展的基础。一个心理健康的儿童，能够积极、主动地探索周围的世界，对新事物保持好奇心和求知欲。他们的注意力、记忆力和思维能力都能得到良好的发展，从而在学习上取得更好的成绩。相反，心理问题的存在可能会阻碍儿童的智力发展，导致他们在学习上遇到困难，甚至产生厌学情绪。

儿童心理健康对情感发展至关重要。情感是儿童与他人建立联系、沟通交流的桥梁。一个心理健康的儿童，能够表达自己的情感，理解他人的感受，建立亲密的人际关系。他们懂得关爱、尊重和理解他人，能够在社交场合中自如地表现自己。而心理产生问题的儿童往往难以处理情感问题，可能导致情感冷漠、社交障碍等。

儿童心理健康还影响他们的身体健康。心理问题和身体疾病往往是相互关联的。长期处于紧张、焦虑、抑郁等负面情绪中的儿童，可能会出现睡眠障碍、食欲不振、免疫力下降等身体问题。而身体疾病也会加重儿童的心理负担，形成恶性循环。因此，关注儿童心理健康，对于预防和治疗身体疾病也具有重要意义。

更重要的是，儿童心理健康是他们未来人格形成的关键。儿童时期是人格形成的关键时期，他们的价值观、道德观、行为习惯等都在这个时期逐渐形成。一个心理健康的儿童，能够形成积极、健康的人格特质，如自信、乐观、坚韧等。这些特质将伴随他们一生，成为他们面对挑战和困难时的有力武器。相反，心理问题的存在可能导致儿童形成消极、不健康的人格特质，如自卑、懦弱、抑郁等，影响他们的一生。

儿童心理健康也关系到社会的和谐稳定。儿童是社会的未来和希望，他们的心理健康状况将直接影响到社会的整体氛围和发展。一个心理健康的儿童，能够积极融入社会，为社会作出贡献；而心理产生问题的儿童可能会成为社会的负担，甚至引发社会问题。因此，关注儿童心理健康，对于维护社会稳定、促进社会和谐具有重要意义。

儿童心理健康的重要性不容忽视。需要从多个方面入手，关注儿童的心理健康问题，为他们提供必要的支持和帮助。这包括家庭、学校、社会等各方面的共同努力，为儿童创造一个健康、和谐、支持性的成长环境。只有这样，才能真正实现儿童的全面发展，为社会培养出更多健康、积极、有贡献的人才。

必须要高度重视儿童心理健康问题，并将其纳入教育和社会发展的重要议程。通过加强心理健康教育、提供心理咨询服务、建立心理健康档案等措施，可以有效地预防和解决儿童心理问题，促进他们的健康成长和全面发展。同时，也需要加强社会对儿童心理健康问题的关注和认识，形成全社会共同关心、支持儿童心理健康的良好氛围。

二、情感教育的内涵与价值

情感教育的内涵丰富而深远，它不仅是一种教育手段，更是一种教育理念和教育目标。它涵盖了情感认知、情感表达、情感调控等多个方面，旨在通过系统的教育过程，培养儿童积极健康的情感品质，为其全面发展奠定坚实的基础。

情感教育的内涵体现在对情感认知的培养上。情感认知是指个体对自己和他人情感的感知和理解能力。通过情感教育，儿童能够逐渐认识到自己的情感状态，理解情感的产生和发展过程，以及情感对行为的影响。同时，他们也能更好地察觉和理解他人的情感，建立起更加深入的人际交往。这种情感认知能力的培养，有助于儿童形成正确的自我认知，提升自我意识和自我管理能力。

情感教育的内涵还包括情感表达的培养。情感表达是个体将内心情感通过言语、行为等方式外化出来的过程。在情感教育中，儿童被鼓励以积极、健康的方式表达自己的情感，学会用言语和行动来传递自己的感受和需求。通过情感表达的培养，儿童能够更好地与他人沟通，建立和谐的人际关系，也能更好地调节自己的情绪，保持积极的心态。

情感教育的内涵还强调情感调控的重要性。情感调控是指个体对自己情感的调节和控制能力。在情感教育中，儿童被教导如何面对和处理负面情绪，如何通过积极的方式调节自己的情绪状态。这种情感调控能力的培养，有助于儿童在面对挫折和困难时保持冷静和理智，以积极的心态应对生活中的挑战。

情感教育的价值则体现在多个方面。首先，它有助于提升儿童的幸福感和生活质量。通过培养积极的情感品质，儿童能够更好地感受生活中的美好和幸福，享受成长的过程。其次，情感教育有助于促进儿童的全面发展。情感教育不仅关注儿童的智力发展，更注重其情感、社交和身体等多方面的发展，从而培养出具有健全人格和综合素质的个体。

情感教育有助于培养儿童的社会责任感和公民意识。通过培养同理心和关爱他人的品质，儿童能够更好地理解社会规范和道德标准，形成积极的社会价值观和道德观。这种社会责任感的培养，有助于儿童在未来成长为对社会有贡献的公民。

情感教育有助于推动社会的进步和发展。一个充满爱和关怀的社会氛围，能够促进人与人之间的和谐共处和共同发展。通过情感教育的普及和实践，可以培养出更多具有积极情感品质的人才，为社会的发展和进步注入源源不断的动力。

情感教育的内涵丰富而深远，价值重大而广泛。它不仅是儿童教育的重要组成部分，更是推动社会和谐稳定、促进人类文明进步的重要力量。因此，应该高度重视情感教育的实施和推广，为儿童的全面发展和社会的繁荣进步做出积极的贡献。

三、儿童心理健康与情感教育的相互关系

儿童心理健康与情感教育之间存在着紧密而复杂的相互关系。这种关系不仅体现在它们各自对儿童成长的重要性上，更体现在它们之间的相互促进和相互依赖。深入探讨这种关系，有助于更好地理解儿童心理发展的规律，更有效地实施情感教育，从而促进儿童的全面发展。

儿童心理健康是情感教育的基础。一个心理健康的儿童，通常具备积极的情感态度和良好的情感品质，能够更好地接受和内化情感教育的内容。他们拥有较强的自我认知和情感调控能力，能够清晰地表达自己的情感需求，理解并尊重他人的情感。这样的儿童在情感教育中更容易形成积极的情感体验，从而建立起健康的人际关系，形成健全的人格特质。

相反，心理问题的存在可能会阻碍儿童对情感教育的接受和内化。例如，焦虑、抑郁等负面情绪可能导致儿童对情感表达产生恐惧或抵触心理，难以与他人建立亲密的关系。此外，自卑、攻击性等不良情感品质也可能影响儿童在情感教育中的表现，使其难以形成积极的情感态度和行为习惯。

情感教育对儿童心理健康具有积极的促进作用。通过情感教育，

可以帮助儿童建立积极的情感态度和价值观,提升其情感素养和人际交往能力,从而促进其心理健康的发展。情感教育的内容涵盖了情感的认知、表达、调控等多个方面,这些方面都与儿童的心理健康密切相关。

在情感认知方面,情感教育可以帮助儿童更好地认识和理解自己和他人的情感,形成正确的情感认知模式。这种认知模式有助于儿童在面对情感问题时更加理性和成熟,减少负面情绪的产生。

在情感表达方面,情感教育鼓励儿童以积极、健康的方式表达自己的情感,这有助于他们建立良好的人际关系,减少情感冲突和误解。同时,情感表达也能让儿童更好地了解自己的内心需求,从而更加自信和自主地面对生活中的挑战。

在情感调控方面,情感教育通过教授儿童有效的情感调节策略,帮助他们更好地应对负面情绪和压力。这种调控能力有助于儿童在面对挫折和困难时保持冷静和理智,避免产生过度的焦虑或抑郁情绪。

情感教育和儿童心理健康的相互促进关系还体现在它们共同作用于儿童的社会适应和未来发展上。一个既具备心理健康又接受了良好情感教育的儿童,更有可能形成积极的社会态度和行为习惯,更好地适应社会环境,实现个人价值[1]。

儿童心理健康与情感教育之间存在着密切的相互关系。它们相互促进、相互依赖,共同影响着儿童的成长和发展。因此,在教育实践中,应该充分重视这种关系,将心理健康教育和情感教育相结合,为儿童创造一个更加健康、和谐、支持性的成长环境。同时,我们也需要不断探索和研究这种关系的内在机制和发展规律,以更加科学、有效的方法促进儿童的

---

[1] 李江霞,任婷婷,仲旭.基于跨专业综合实训的本科高校经管学科实践教学改革[J].商业会计,2019(7):102-106.

全面发展。

四、促进儿童心理健康与情感教育的策略与措施

儿童心理健康与情感教育的重要性不言而喻，它们对于儿童的全面发展具有深远的影响。为了有效地促进儿童心理健康与情感教育，需要采取一系列的策略与措施，从多个层面进行综合性的干预和支持。

家庭是儿童心理健康与情感教育的第一课堂。家长在孩子的成长过程中扮演着至关重要的角色。因此，提升家长的教育意识和能力至关重要。可以通过举办家长教育讲座、开设家长学校等方式，向家长传授儿童心理健康与情感教育的基本知识和方法，帮助他们更好地理解和支持孩子的成长。同时，家长自身也需要不断学习和成长，以积极、健康的心态面对孩子的教育问题，为孩子树立良好的榜样。

学校作为儿童教育的重要场所，也需要加强对儿童心理健康与情感教育的关注和投入。学校可以开设专门的心理健康教育课程，通过系统的教育内容和活动设计，帮助儿童建立正确的自我认知、情感表达与调控能力。同时，学校还可以加强心理辅导和心理咨询服务，为有需要的学生提供及时、专业的支持和帮助。此外，学校还可以营造积极、健康的校园文化氛围，通过举办各类活动、开展团队合作等方式，培养学生的团队合作精神和积极情感品质。

除了家庭和学校外，社会也是促进儿童心理健康与情感教育的重要力量。政府和社会组织可以加大对儿童心理健康与情感教育的投入和关注，制定相关政策和法规，为儿童提供一个安全、稳定、支持性的社会环境。同时，媒体和网络平台也可以发挥积极作用，传播儿童心理健康与情感教育的知识和理念，引导社会大众形成正确的教育观念和态度。

在具体实施策略上，可以采用多元化的教育方法和手段。例如，通过情境模拟、角色扮演等方式，让儿童在实践中学习和体验情感表达与调控的技巧；通过故事讲述、绘本阅读等方式，引导儿童理解和感受不同的情感状态；通过游戏、运动等方式，帮助儿童释放压力、调节情绪。这些方法和手段可以根据儿童的年龄和特点进行灵活选择和运用，以达到最佳的教育效果。

还需要关注特殊儿童群体的心理健康与情感教育问题。例如，对于留守儿童、单亲家庭儿童等，需要给予更多的关注和支持，通过专业的心理辅导和关爱服务，帮助他们克服心理困扰、建立积极情感品质。

促进儿童心理健康与情感教育需要家庭、学校、社会等多方面的共同努力和配合。需要采取综合性的策略与措施，从多个层面进行干预和支持，为儿童的全面发展创造更加良好的条件和环境。同时，也需要不断研究和探索新的教育方法和手段，以适应不断变化的社会和教育环境。通过这些努力，可以让每个儿童都能享受到健康、快乐、有意义的成长过程。

第三节 学前教育对儿童发展的影响

学前教育作为儿童早期教育的重要组成部分，对于儿童的身心发展具有深远的影响。它不仅是儿童认知、情感、社交等方面能力发展的关键时期，也是培养儿童良好习惯、塑造健康人格的重要阶段。因此，深入探讨学前教育对儿童发展的影响，对于优化教育策略、提升教育质量具有重要意义，如图 2-1 所示。

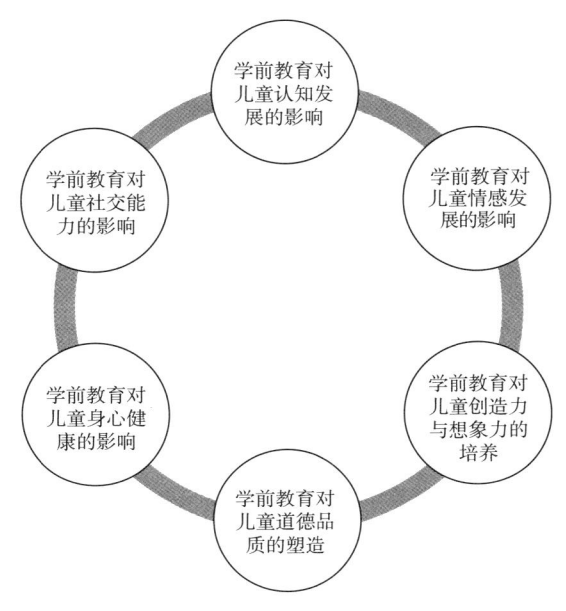

图 2-1　学前教育对儿童发展的影响

一、学前教育对儿童认知发展的影响

学前教育对儿童认知发展的影响是深远而重要的。儿童认知发展是他们认识世界、理解事物和解决问题的基础，而学前教育阶段正是培养儿童认知能力的关键时期。

学前教育为儿童提供了丰富多样的学习环境和资源。通过游戏、观察、探索、实践等活动，儿童能够接触到各种物品、信息和情境，从而扩展他们的认知范围。这些活动不仅有助于儿童积累感性经验，还能激发他们的好奇心和探究欲望，促进他们主动思考和解决问题。

学前教育注重培养儿童的思维能力和学习能力。通过各种教学活动和互动方式，学前教育鼓励儿童运用观察、分类、比较、推理等思维方式来理解和解释世界。同时，学前教育还关注儿童的学习兴趣和动力，通过激发他们的学习热情，培养他们的自主学习能力和学习习惯。

学前教育还强调儿童的语言发展和沟通能力。语言是认知发展的重要工具，通过学前教育中的故事讲述、角色扮演、歌唱等活动，儿童能够丰富自己的词汇量，提高语言表达能力。同时，学前教育也为儿童提供了与同伴和教师交流的机会，让他们学会倾听、理解和表达自己的想法和感受。

学前教育还关注儿童的心理健康和情绪管理。通过培养儿童的积极情感态度和心理素质，学前教育有助于儿童形成稳定的情绪状态和良好的自我认知，为他们的认知发展提供有力的支持。

学前教育对儿童认知发展的影响是多方面的。它不仅能够为儿童提供丰富的学习环境和资源，促进他们的思维能力和学习能力的发展，还能够关注儿童的语言发展和沟通能力，以及心理健康和情绪管理能力。这些影响将伴随儿童一生，为他们的全面发展奠定坚实的基础。

二、学前教育对儿童情感发展的影响

学前教育对儿童情感发展的影响是深远且全面的。儿童的情感发展是他们成长过程中的重要组成部分，而学前教育正是培养儿童积极情感、建立健康情感基础的关键阶段。

学前教育为儿童提供了一个充满关爱和温暖的环境。在这个环境中，儿童能够感受到来自教师和同伴的关心和支持，这种积极的情感氛围有助于培养儿童的安全感和归属感。同时，学前教育还注重培养儿童的自尊心和自信心，通过正面的评价和激励，让儿童学会自我欣赏和肯定，从而建立起积极的自我认知。

学前教育中的各种活动和课程都有助于儿童情感的发展。例如，通过参与集体活动，儿童学会了与他人合作和分享，培养了团队合作精神和社交技能；通过角色扮演和故事讲述，儿童能够理解和体验不同的情感，学会表达和管理自己的情绪；通过艺术、音乐和体育等活动，儿童能够表达自己的情感，释放内心的压力，培养积极向上的情感态度。

学前教育注重培养儿童的情绪管理能力。在面对挫折和困难时，儿童能够学会保持冷静和理智，寻找解决问题的方法和途径，而不是轻易地放弃或发脾气。这种情绪管理能力的培养对于儿童未来的学习和生活都具有重要的意义。

学前教育通过家园共育的方式，促进儿童情感发展的延续性和一致性。家长和教师的紧密合作，让儿童在家庭和幼儿园之间得到一致的情感支持和引导，有助于形成稳定的情感基础，为儿童未来的情感发展奠定坚实的基础。

学前教育对儿童情感发展的影响是多方面的，它不仅为儿童提供了情感发展的环境和机会，还通过各种活动和课程培养了儿童积极的情感态度和情绪管理能力。这些影响将伴随儿童一生，成为他们成长道路上的宝贵财富。

三、学前教育对儿童社交能力的影响

学前教育对儿童社交能力的影响是深远且多方面的。社交能力作为儿童全面发展中不可或缺的一部分，在学前教育阶段得到了有效的培养和提升。

学前教育为儿童提供了一个与同龄人互动和交流的宝贵机会。在学前教育的环境中，儿童们可以参与各种集体活动，如游戏、合作任务等，通过这些活动，他们学会了分享、合作、解决冲突等重要的社交技能。与此同时，与同龄伙伴的互动也有助于儿童们培养同理心和理解他人的能力，从而更好地适应和理解不同的社交环境。

学前教育中的教师也扮演着重要的角色。他们不仅教授学科知识，更

注重培养儿童的社交能力。教师通过引导儿童参与各种社交活动，鼓励他们表达自己的想法和感受，同时教导他们如何尊重他人、倾听他人的意见，并学会有效地沟通和交流。这种引导式的教学方式有助于儿童们建立起积极的社交态度和技能。

学前教育注重培养儿童的自我意识和自信心。通过正面的反馈和激励，儿童们逐渐建立起对自己的信心，敢于在社交场合中表达自己，与他人建立联系。这种自信心的培养对于儿童未来的社交发展至关重要，使他们能够更自信地面对各种社交挑战。

学前教育强调多元文化的交流和理解。在学前教育环境中，儿童有机会接触到来自不同文化背景的同伴，通过与他们互动和交流，能够更好地理解和尊重不同文化之间的差异，增强他们的跨文化交流能力。这种多元文化的体验有助于培养儿童们的开放心态和包容性，为他们在未来更广泛的社交环境中成功融入做好准备。

学前教育对儿童社交能力的影响是多方面的。通过提供与同龄人互动的机会、教师的引导式教学、培养自我意识和自信心以及多元文化的交流，学前教育为儿童打下了坚实的社交基础，使他们能够更好地适应和理解社交环境，建立起积极、健康的人际关系。这些社交能力的培养不仅有助于儿童在学前阶段的成长，更对他们未来的社交发展和人生成功产生积极的影响。

四、学前教育对儿童身心健康的影响

学前教育作为儿童成长的关键时期，不仅关乎其智力与情感的发展，更对儿童的身心健康产生深远影响。儿童的身心健康是其全面发展的基础，而学前教育正是塑造这一基础的重要环节。因此，深入理解和探讨学前教育对儿童身心健康的影响，对于优化教育策略、促进儿童健康成长具有重要意义。

学前教育通过提供适宜的教育环境和活动，促进儿童身体的健康发展[1]。在学前教育阶段，儿童正处于身体发育的关键期，他们的运动能力、协调能力以及身体素质都在快速发展。学前教育机构通过设计各种体育游戏和活动，使儿童在运动中锻炼身体，增强体能。同时，学前教育还注重培养儿童的卫生习惯，教育他们如何正确洗手、刷牙等，从而预防疾病，保持身体健康。

学前教育在促进儿童心理健康方面也发挥着重要作用。儿童在学前教育阶段开始形成自我意识和社交能力，这也是他们心理健康发展的关键时期。学前教育工作者通过关心、理解和尊重儿童，帮助他们建立积极的自我认同和情感安全感。同时，学前教育还通过组织各种集体活动，让儿童学会与他人合作、分享和沟通，培养他们的社交能力和团队精神。这些经历不仅有助于儿童形成良好的心态，还能为他们未来的学习和生活奠定坚实的基础。

学前教育关注儿童的情感教育和心理调适。在学前教育阶段，儿童面临着许多新的挑战和变化，如离开家庭、适应新环境等，这些都可能对他们的情感和心理产生影响。学前教育工作者通过引导儿童正确面对和处理这些挑战，帮助他们建立积极的情感态度和应对压力的能力。同时，学前教育还注重培养儿童的自信心和自尊心，让他们在面对困难和挫折时能够保持积极的心态。

然而，要充分发挥学前教育对儿童身心健康的影响，还需要注意以下3点：

一是要关注儿童的个体差异。每个儿童的身体和心理发展都有其独特

---

[1] 钮洁菲. 提高学前教育教师指导幼儿用餐行为的措施探讨［J］. 知识文库，2023（7）：196-198.

性，学前教育工作者需要充分了解每个儿童的需求和特点，为他们提供个性化的教育方案。同时，还需要关注特殊儿童的身心健康问题，如残疾儿童、留守儿童等，为他们提供必要的支持和帮助。

二是要加强家园合作。家庭是儿童成长的第一课堂，家长在儿童的身心健康教育中扮演着重要角色。学前教育机构应加强与家长的沟通与合作，共同关注儿童的身心健康问题，制订并实施有效的教育策略。

三是要不断优化教育环境。学前教育机构应努力为儿童创造一个安全、舒适、有趣的教育环境，让他们在游戏中学习、在快乐中成长。同时，还需要关注教育环境的卫生和安全问题，确保儿童的身心健康得到充分保障。

学前教育对儿童身心健康的影响是多方面的、深远的。通过提供适宜的教育环境和活动、关注儿童的心理健康和情感需求以及加强家园合作等方式，学前教育可以有效地促进儿童的身心健康发展。同时，还需要不断研究和探索更有效的教育策略和方法，为儿童的健康成长提供更加有力的支持。

五、学前教育对儿童创造力与想象力的培养

学前教育阶段是儿童智力与心理发展的重要时期，更是创造力与想象力培养的黄金时期。创造力与想象力是儿童未来创新发展的关键能力，对于他们的成长与发展具有深远影响。因此，学前教育应充分重视并有效培养儿童的创造力与想象力。

学前教育通过提供多样化的教育资源与环境，为儿童创造力与想象力的培养提供条件。在学前教育阶段，儿童的好奇心旺盛，对周围事物充满探索欲望。学前教育机构通过设计富有创意的教学活动和游戏，为儿童提供丰富多样的感知与体验机会。例如，利用彩色纸张、积木、沙子等材

料，让儿童自由创作与构建；组织观察自然、探索科学的活动，引导儿童发现自然世界的奥秘。这些活动不仅满足了儿童的好奇心，更激发了他们的创造欲望，为培养他们的创造力与想象力奠定了基础。

学前教育注重激发儿童的创造兴趣与动机。创造力与想象力的培养需要儿童具备积极的创造态度和强烈的创造动机。学前教育工作者通过鼓励儿童尝试新事物、挑战自我，让他们体验到创造的乐趣与成就感。同时，教师还会根据儿童的个体差异，制订个性化的教育方案，满足他们的不同需求，激发他们的创造潜能。这种因材施教的教育方式，有助于培养儿童的自信心和创造力，让他们在创造过程中不断提升自我。

学前教育强调培养儿童的想象力。想象力是创造力的源泉，它能够使儿童在脑海中构建出丰富多彩的世界。学前教育工作者通过讲述故事、引导绘画、播放音乐等方式，为儿童提供丰富的想象素材。同时，他们还鼓励儿童进行角色扮演、模拟游戏等活动，让他们在虚拟的情境中发挥想象力，创造出属于自己的故事和世界。这些活动不仅锻炼了儿童的想象力，还提高了他们的表达能力与创造力。

然而，要有效地培养儿童的创造力与想象力，学前教育还需要注意以下 3 点：

一是要尊重儿童的个性与差异。每个儿童都有自己的独特性和优势，学前教育工作者需要充分了解每个儿童的特点和需求，为他们提供个性化的教育方案。同时，教师还需要关注儿童的情绪变化和心理需求，为他们创造一个安全、自由、愉悦的学习环境。

二是要注重实践与创新。创造力与想象力的培养需要儿童在实践中不断探索与创新。学前教育机构应提供更多的实践机会和创新平台，让儿童能够在实践中发挥自己的想象力和创造力。同时，教师还需要引导儿童关注社会问题，培养他们的社会责任感和创新意识。

三是要加强家园合作。家庭是儿童成长的重要场所,家长在培养儿童创造力与想象力方面扮演着重要角色。学前教育机构应加强与家长的沟通与合作,共同为儿童创造一个有利于创造力与想象力发展的家庭环境。

学前教育对儿童创造力与想象力的培养具有至关重要的作用。通过提供多样化的教育资源与环境、激发儿童的创造兴趣与动机以及培养儿童的想象力等方式,学前教育可以有效地促进儿童创造力与想象力的发展。同时,学前教育还需要注意尊重儿童的个性与差异、注重实践与创新以及加强家园合作等方面的问题,为儿童创造一个更好的成长环境。

六、学前教育对儿童道德品质的塑造

学前教育作为儿童成长的重要阶段,对于塑造其道德品质具有不可忽视的作用。道德品质的培养不仅是儿童个人成长的基石,更是社会文明进步的重要体现。在学前教育阶段,儿童正处于道德观念形成的关键时期,因此,学前教育对于儿童道德品质的塑造具有深远的意义。

学前教育通过丰富多彩的教育活动,引导儿童树立正确的道德观念。在学前教育阶段,儿童开始接触社会,对周围事物充满好奇。通过故事、游戏、音乐等多种形式的教育活动,学前教育工作者可以引导儿童认识并理解基本的道德规范和价值观,如诚实、友善、尊重他人等。这些道德观念在儿童心中生根发芽,为其日后的道德行为奠定坚实的基础。

学前教育注重培养儿童的道德情感。道德情感是道德品质的重要组成部分,它能够使儿童在面对道德问题时产生正确的情感反应。在学前教育中,教师通过关爱、耐心和尊重等教育方式,让儿童感受到温暖和关爱,从而培养起他们的同情心、责任感和正义感。这些道德情感使儿童在面临道德抉择时能够做出正确的判断,形成积极的道德行为。

学前教育还通过实践活动,让儿童在亲身体验中塑造道德品质。在学前教育中，教师会组织各种实践活动，如帮助他人、参与团队合作、关心环境等，让儿童在实际操作中感受道德行为的重要性。通过实践活动，儿童不仅能够加深对道德规范的理解，还能够将道德观念转化为实际行动，进一步巩固和提升其道德品质。

学前教育在塑造儿童道德品质的过程中也面临着一些挑战。一方面，家庭教育与学校教育的衔接问题。家庭是儿童道德品质形成的第一课堂，家庭教育与学校教育的协同配合对于儿童道德品质的塑造至关重要。然而，在实际操作中，家庭教育与学校教育的衔接往往存在一定的问题，需要双方加强沟通与合作，共同为儿童道德品质的塑造创造有利条件。

社会环境的复杂多变也对学前教育在塑造儿童道德品质方面提出了更高的要求。随着社会的不断发展，儿童成长的环境日益复杂，他们面临着更多的诱惑和挑战。因此，学前教育需要不断更新教育理念和方法，提高教育质量，以适应社会发展的需要。

学前教育在塑造儿童道德品质方面具有不可替代的重要作用。通过丰富多彩的教育活动、培养道德情感以及实践活动等多种方式，学前教育能够引导儿童树立正确的道德观念，形成良好的道德品质。然而，面对家庭教育与学校教育的衔接问题以及社会环境的复杂多变等挑战，学前教育需要不断创新和完善，以更好地发挥其在儿童道德品质塑造方面的作用。同时，家长、学校和社会各界也应共同努力，为儿童创造一个有利于道德品质发展的良好环境。

第四节　儿童个性化教育的重要性与实践

随着社会的快速发展和教育理念的不断更新，儿童个性化教育逐渐受到广泛关注。个性化教育强调尊重儿童的个体差异,关注他们的兴趣、特长和发展需求,旨在为每个儿童提供适合其发展的教育环境和资源。本节旨在探讨儿童个性化教育的重要性及其在实践中的应用,以期为教育工作者和家长提供有益的参考。

一、儿童个性化教育的重要性

(一) 促进儿童全面发展

儿童个性化教育的重要性在于其能够深刻促进儿童的全面发展。这一理念强调尊重每个儿童的独特性,关注他们的个体差异,并根据其兴趣、特长和发展需求来制订教育方案。这种教育方式不仅有助于儿童在知识、技能方面取得进步,更能促进他们在情感、社交和身体等各个方面的均衡发展。

个性化教育能够充分发掘儿童的潜能。每个儿童都是独一无二的,他们拥有不同的天赋和才能。通过个性化教育,可以根据每个儿童的特点和优势来制订教育计划,为他们提供适合的学习资源和环境。这样,儿童就能够在自己擅长的领域得到更多的发展机会,从而充分展现自己的潜能。

个性化教育有助于培养儿童的综合素养。全面发展不仅包括知识和技能的掌握,还包括情感、态度和价值观的培养。个性化教育注重培养儿童的自主性、创新性和合作能力,让他们在解决问题的过程中学会思考、判断和决策。同时,个性化教育还关注儿童的情感需求,帮助他们建立积极的情感态度和人际关系,从而培养健康的人格和心理素质。

个性化教育能够激发儿童的学习兴趣和动力。当儿童能够在适合自己的学习环境中学习自己感兴趣的内容时,他们会更加投入和专注,从而产生更强的学习动力和兴趣。这种积极的学习态度有助于儿童形成良好的学习习惯和自主学习能力,为未来的学习和生活奠定坚实的基础。

儿童个性化教育的重要性在于其能够促进儿童的全面发展。通过充分发掘儿童的潜能、培养综合素养以及激发学习兴趣和动力，为儿童的成长和发展提供了有力的支持。因此，应该高度重视儿童个性化教育，为每个孩子提供适合他们的教育资源和环境，让他们在快乐中成长，实现自己的潜能和价值。

（二）激发儿童学习兴趣和动力

儿童的学习兴趣和动力是他们成长过程中至关重要的驱动力。一个充满好奇和探索欲望的儿童，会主动地去学习、去尝试、去探索，从而不断地丰富自己的知识和经验，提高自己的能力和素质。因此，如何激发儿童的学习兴趣和动力，成为教育工作者和家长需要深入思考和探索的问题。

了解儿童的兴趣和特点是激发他们学习兴趣和动力的基础。每个儿童都有自己独特的兴趣爱好和个性特点，只有深入了解他们，才能找到适合他们的学习方式和内容。例如，一些儿童对科学探索充满热情，喜欢动手做实验；而另一些儿童则对文学艺术更感兴趣，喜欢阅读和绘画。因此，教育者和家长需要通过观察、交流和尝试，逐渐了解儿童的兴趣和特长，以便为他们提供个性化的学习资源和环境。

提供丰富多样的学习资源和活动，有助于激发儿童的学习兴趣和动力。儿童的好奇心和求知欲非常强烈，他们渴望了解世界，掌握新知识。因此，应该为儿童提供各种各样的学习资源和活动，如图书、玩具、游戏、科学实验等，让他们可以根据自己的兴趣和需求选择学习内容。同时，还可以组织一些有趣的学习活动，如户外探险、手工制作、角色扮演等，让儿童在轻松愉快的氛围中学习，从而激发他们的学习兴趣和动力。

创造积极的学习氛围和环境也是激发儿童学习兴趣和动力的重要因素。一个积极的学习氛围和环境可以让儿童感到舒适和自在，从而更加愿意投入学习。因此，应该为儿童创造一个充满爱和支持的学习环境，让他们感到被尊重、被认可、被鼓励。同时，还可以通过赞扬、奖励等方式，激励儿童的学习热情和积极性，让他们更加自信、自强、自立。

还可以借助现代科技手段来激发儿童的学习兴趣和动力。如今，信息技术发展迅速，互联网、移动设备等成为儿童获取信息的重要渠道。利用这些现代科技手段，可以为儿童提供更加生动、形象、有趣的学习资源和学习方式。例如，通过在线教育平台，儿童可以随时随地学习自己感兴趣的课程；通过互动式的电子图书和游戏，儿童可以在娱乐中学习新知识，提高自己的技能。这些现代科技手段不仅丰富了儿童的学习内容，还提高了他们的学习效率和兴趣。

还需要关注儿童的情感需求，培养他们的学习情感和态度。儿童在学习过程中，不仅需要知识和技能的提升，更需要情感上的支持和关怀。因此，应该关注儿童的情感变化，及时给予他们鼓励和支持，让他们感受到学习的乐趣和价值。此外，还可以通过培养儿童的自主学习能力和合作精神，提高他们的学习情感和态度。让儿童学会独立思考、解决问题的能力，培养他们的团队合作精神和责任感，将有助于他们在学习过程中保持积极的情感态度和动力。

值得注意的是，在激发儿童学习兴趣和动力的过程中，要避免过度干预和强制学习。每个孩子都有自己的成长节奏和方式，应该尊重他们的选择和发展，给予他们足够的自由空间去探索和学习。同时，也要关注儿童的学习负担和心理健康，避免过度追求成绩和竞争，让他们能够在轻松愉快的氛围中健康成长。

激发儿童学习兴趣和动力也是一个复杂而重要的任务。要深入分析儿童的发展特点，提供丰富多样的学习资源和活动，创造积极的学习氛围和环境，借助现代科技手段，并及时关注儿童的情感需求和心理健康。只有这样，才能真正激发儿童的学习兴趣和动力，让他们在学习过程中体验到乐趣和成就感，为他们的未来发展奠定坚实的基础。

还需要不断地更新教育观念和方法，以适应时代的发展和儿童的需求变化。随着社会的不断进步和科技的不断创新，儿童的学习环境和学习方式也在不断地发生变化。因此，需要不断地学习和探索新的教育理念和方法，以更好地激发儿童的学习兴趣和动力。

需要认识到激发儿童学习兴趣和动力是一个长期的过程，需要教育者和家长的共同努力和配合。应该建立良好的教育合作关系，共同关注儿童的学习和发展，为他们提供全方位的支持和帮助。只有这样，才能真正实现激发儿童学习兴趣和动力的目标，让每个孩子都能够在快乐中成长、在探索中进步。

激发儿童学习兴趣和动力也是教育工作者和家长的重要任务之一。需要深入了解儿童的兴趣和特点，创造积极的学习氛围和环境，相信通过长期的努力和实践，可以成功激发儿童的学习兴趣和动力，为他们的未来发展奠定坚实的基础。

(三) 培养儿童的自信心和自尊心

儿童的自信心和自尊心是他们成长过程中不可或缺的重要品质。自信心是儿童在面对挑战和困难时能够坚定信念、勇往直前的基础，而自尊心则是他们自我认知和价值感的重要体现。因此，培养儿童的自信心和自尊心对于他们的全面发展具有至关重要的意义。

自信心是儿童成长道路上的重要支撑。当儿童具备自信心时，他们更有可能主动探索新领域、尝试新事物，从而不断拓宽自己的视野和经验。同时，自信心还能帮助儿童在面对挫折和失败时保持积极的心态，不轻易放弃，而是从中汲取教训，继续前行。为了培养儿童的自信心，家长和教育者应该给予儿童充分的支持和鼓励，让他们感受到自己的能力和价值。当儿童取得进步或成就时，及时给予肯定和赞扬，让他们体验到成功的喜悦，从而增强自信心。

自尊心是儿童自我认知的核心。一个拥有健康自尊心的儿童能够正确看待自己的优点和不足，既不过于自负也不过于自卑。他们能够在与他人交往中保持自信，尊重他人也尊重自己。为了培养儿童的自尊心，家长和教育者应该尊重儿童的个性和差异，不将孩子与他人过度比较，避免给孩子带来不必要的压力。同时，还应该引导儿童学会自我反思和评价，让他们能够客观看待自己的表现，从而建立起健康的自尊心。

在培养儿童自信心和自尊心的过程中，还需要关注一些具体的方法和策略。首先，要为儿童创造一个安全、稳定、充满爱的成长环境。在这样的环境中，儿童能够感受到来自家长和教育者的关爱和支持，从而更容易建立起自信心和自尊心。其次，要鼓励儿童参与各种活动，尤其是那些能够展现他们才能和潜力的活动。通过参与活动，儿童能够积累成功的经验，增强自信心；同时，他们也能在活动中认识到自己的价值，提升自尊心。

还要教会儿童如何面对挫折和失败。挫折和失败是成长过程中的必经之路，但如何面对它们却决定了儿童是否能够从中汲取经验、继续前进。要引导儿童正确看待挫折和失败，将它们视为学习和成长的机会，而不是自我否定和放弃的理由。通过这样的引导，儿童能够逐渐学会如何在困境中保持信心，提升自己的抗压能力。

同时，也要注意在培养儿童自信心和自尊心的过程中避免一些误区。比如，过度溺爱或过度保护孩子可能会让他们失去独立性和自主性，从而影响自信心的形成；而过度强调孩子的优点或掩盖他们的不足则可能让他们形成虚假的自尊心，难以面对真实的自我。因此，要在关爱和支持孩子的同时，教会他们如何独立面对生活、如何客观看待自己的优缺点。

培养儿童的自信心和自尊心是一项长期而艰巨的任务，需要家长和教育者的共同努力。要通过创造安全稳定的成长环境、鼓励儿童参与各种活动、教会他们如何面对挫折和失败等方式来帮助他们建立起健康的自信心和自尊心。同时，也要避免一些误区，确保孩子能够真正地从这些培养措施中受益。

值得一提的是，每个儿童都有其独特性和发展节奏，因此在培养自信心和自尊心的过程中，应该注重个体差异，尊重儿童的独特性格和兴趣爱好。只有这样，才能真正做到因材施教，帮助每个儿童充分发掘自己的潜能，实现自我价值。

随着社会的快速发展和变化，儿童成长的环境和面临的挑战也在不断变化。因此，需要不断更新教育观念和方法，以适应新的时代要求。要关注儿童的心理需求和成长规律，运用科学的教育方法和手段，为儿童提供更为全面、深入的教育支持。

要认识到培养儿童的自信心和自尊心是一个持续的过程，需要在日常生活中不断关注、引导和支持。要用爱心和耐心陪伴儿童成长，让他们在充满爱和尊重的环境中茁壮成长，成为自信、自尊、自立的未来栋梁。

培养儿童的自信心和自尊心是一项具有重要意义的工作。通过创造有利环境、提供适当支持、引导正确面对挫折等方式，帮助儿童建立起健康的自信心和自尊心，为他们的全面发展奠定坚实的基础。

二、儿童个性化教育的实践策略

（一）深入了解儿童个体差异

深入了解儿童个体差异是教育工作者和家长在儿童成长过程中至关重要的任务。每个儿童都是独一无二的个体，他们具有不同的天赋、兴趣、学习方式和成长速度。因此，深入了解儿童个体差异，有助于更好地理解儿童，提供更符合他们需求的教育和关爱。

儿童个体差异体现在他们的天赋和兴趣上。有的儿童可能在数学或科学方面表现出色，而有的则更擅长语言或艺术。此外，儿童的兴趣也各不相同，有的对户外活动充满热情，有的则更喜欢阅读或音乐。深入了解这些差异，有助于发现儿童的潜能和特长，为他们提供个性化的教育资源和机会。

儿童个体差异还表现在他们的学习方式和成长速度上。有的儿童可能善于通过观察和模仿来学习，而有的则更喜欢通过动手实践和探索来获取知识。同时，儿童在认知、情感、社交等方面的发展速度也不尽相同。因此，需要根据儿童的学习方式和成长速度，灵活调整教育策略和方法，确保他们能够在适合自己的节奏下学习和成长。

为了深入了解儿童个体差异，可以采取多种途径。首先，通过观察和记录儿童的行为和表现，可以发现他们在各个方面的优势和不足。其次，与儿童进行深入的交流和沟通，了解他们的想法、感受和需求，有助于更全面地认识他们。此外，还可以利用专业的评估工具和方法，对儿童的认知能力、情感发展、社交技能等方面进行全面评估，以便更准确地了解他们的个体差异。

深入了解儿童个体差异后，可以根据这些信息制订个性化的教育计划。对于天赋和兴趣独特的儿童，可以为他们提供丰富的资源和机会，以充分发掘和培养他们的潜能。对于学习方式和成长速度不同的儿童，可以采用灵活多样的教学方法和策略，以满足他们的不同需求。

深入了解儿童个体差异也有助于更好地关注他们的心理健康和情感需求。每个儿童都有自己的情绪和情感表达方式，需要理解并尊重他们的差异，为他们提供适当的支持和关爱。对于情绪敏感或社交困难的儿童，可以通过专业的心理辅导和社交训练，帮助他们建立积极的情感态度和良好的人际关系。

深入了解儿童个体差异是儿童教育和成长过程中的重要环节。通过了解儿童的天赋、兴趣、学习方式和成长速度等方面的差异，可以为他们提供更符合需求的教育和关爱，促进他们的全面发展。因此，教育工作者和家长需要投入更多的时间和精力，去深入了解每个儿童的个体差异，为他们的成长和发展提供有力的支持。

（二）创设多元化的教育环境

个性化教育需要多样化的教育环境来支持。学校和教育机构应提供丰富多样的课程和活动，以满足不同儿童的兴趣和需求。同时，教育工作者应关注教育环境的创设，营造宽松、自由、富有挑战性的学习氛围，激发儿童的学习兴趣和探索欲望。

（三）灵活运用多种教学方法

个性化教育要求教育工作者灵活运用多种教学方法和手段。针对不同儿童的特点和发展需求，教育工作者可以采用启发式、探究式、合作式等多种教学方法，让儿童在轻松愉快的氛围中学习。同时，教育工作者还应关注儿童的个体差异，为他们提供个性化的学习支持和辅导。

（四）加强家校合作与沟通

个性化教育的实施需要家长和教育工作者的共同努力和配合。家长应积极参与孩子的教育过程，了解孩子的需求和进步，与教师保持良好的沟通和合作。同时，教育工作者也应及时向家长反馈孩子的学习情况和进步，与家长共同探讨和解决教育过程中遇到的问题。

三、儿童个性化教育面临的挑战与对策

（一）教育资源的不均衡

目前，我国教育资源在不同地区、不同学校之间存在较大的差异。一

些地区和学校可能无法为儿童提供充足的个性化教育资源和环境。为应对这一挑战,政府应加大对教育的投入力度,优化教育资源配置,努力缩小地区和学校之间的教育差距。同时,学校和教育机构也应积极争取社会资源和支持,为儿童创造更好的教育条件。

(二) 教育观念的滞后

部分家长和教育工作者仍然受传统教育观念的影响,过分强调分数和成绩,忽视儿童的个体差异和兴趣需求。为改变这一现状,需要加强个性化教育理念的宣传和推广,提高家长和教育工作者对个性化教育的认识和重视程度。同时,还应加强对教育工作者的培训和教育,提高他们的专业素养和教育能力,以更好地实施个性化教育。

(三) 教育评价的局限性

当前的教育评价体系过于注重结果和量化指标,难以全面反映儿童的个体差异和发展需求。为改进这一状况,需要建立更加科学、全面、多元的教育评价体系,关注儿童的成长过程和发展变化。同时,还应注重评价结果的反馈和应用,为儿童提供有针对性的教育支持和指导。

儿童个性化教育是一种尊重儿童个体差异、关注儿童全面发展的教育理念和实践方式。通过深入了解儿童的个体差异、创设多元化的教育环境、灵活运用多种教学方法以及加强家校合作与沟通等策略,可以为儿童提供更好的个性化教育支持。然而,在实施个性化教育的过程中,也面临着诸多挑战和问题,需要政府、学校、家长和社会各方面的共同努力和配合来加以解决。相信随着教育理念的不断更新和教育实践的深入探索,儿童个性化教育将会在未来得到更加广泛的应用和发展。

儿童个性化教育对于促进儿童的全面发展、激发学习兴趣和动力、培养自信心和自尊心以及适应社会多元化的需求具有重要意义。应该充分认识个性化教育的重要性,积极探索和实践有效的个性化教育策略和方法,为儿童的成长和发展创造更好的条件和环境。同时，也需要关注个性化教育面临的挑战和问题，不断改进和完善教育体系和机制，以更好地满足儿童的发展需求和社会的发展要求。

第三章 创新的学前教育理念

第一节 探索儿童主体地位的教育理念

在当今社会,随着教育理念的不断更新和进步,儿童的主体地位逐渐受到人们的重视。传统的教育理念中,儿童往往被视为被动的知识接受者,而现代教育则更加注重儿童的主体性、主动性和创造性。因此,探索儿童主体地位的教育理念,对于推动教育改革、促进儿童全面发展具有重要意义。

一、儿童主体地位的内涵与意义

儿童主体地位是指在教育过程中,儿童作为独立的个体,应当被赋予更多的自主权、参与权和表达权。这种主体地位的确认,不仅是对儿童个性和尊严的尊重,更是对他们发展潜力和创新能力的充分信任。

儿童主体地位的确认有助于激发儿童的学习兴趣和主动性。当儿童在教育过程中能够自主选择学习内容、方式和进度时,他们的学习动力会大大增强,学习效果也会更加显著。同时,儿童主体地位的确认还能够培养他们的自我管理能力、责任意识和独立思考能力,为他们未来的学习和生活打下坚实的基础[1]。

---

[1] 赵云. 小学数学教学中学生独立思考能力的培养 [J]. 新课程(上), 2019 (9): 187.

儿童主体地位的确认有助于促进教育公平和民主。在传统教育理念下，教师往往拥有绝对的权威，而儿童则处于被动接受的地位。这种不平等的师生关系不仅不利于儿童的个性发展，也容易导致教育资源的浪费和教育质量的下降。而儿童主体地位的确认，则能够使教师和儿童之间的关系更加平等和民主，使教育资源得到更加合理的分配和利用。

儿童主体地位的确认有助于推动教育创新和发展。在现代社会，创新已经成为推动社会进步的重要动力。而儿童作为未来的主人，他们的创新意识和能力对于社会的未来发展具有至关重要的作用。通过确认儿童的主体地位，可以更加深入地了解他们的需求和特点，从而有针对性地开展教育创新，推动教育事业的不断发展。

二、实现儿童主体地位教育理念的策略

要实现儿童主体地位的教育理念，需要从多个方面入手，采取一系列有效的策略。

首先，需要转变教师的角色和观念。教师不再是单纯的知识传授者，而是成为儿童学习的引导者和支持者。他们应该尊重儿童的个性和需求，关注儿童的兴趣和特长，为儿童提供多样化的学习资源和机会。同时，教师还应该鼓励儿童积极参与教育活动，发挥自己的主动性和创造性，培养他们的独立思考和解决问题的能力[1]。

其次，需要构建民主、平等、和谐的师生关系。在传统的教育关系中，教师往往处于主导地位，而儿童则处于从属地位。这种关系不利于儿童的主体性的发挥和发展。因此，需要打破这种传统的教育模式，建立一种新型的师生关系，即民主、平等、和谐的师生关系。在这种关系中，教

---

[1] 王晓华. 亲社会，促发展——亲社会教育视域下新园促进建设与发展的实践研究[J]. 亚太教育，2022（17）：40-43.

师和儿童可以相互尊重、相互理解、相互支持，共同参与到教育过程中来。

再次，需要注重培养儿童的自主意识和能力。自主意识是儿童主体地位的重要体现，而自主能力则是实现儿童主体地位的关键。可以通过开展各种形式的活动和项目，引导儿童自主规划、自主管理、自主评价，让他们在实践中锻炼和提高自己的自主能力。

最后，还需要加强家庭、学校、社会之间的合作与沟通。儿童的成长和发展是一个系统工程，需要家庭、学校、社会等多方面的共同努力。应该加强家庭教育和学校教育的衔接和配合，形成教育合力；同时，还应该积极争取社会资源的支持，为儿童提供更多的学习和实践机会。

三、面临的挑战与未来展望

在探索儿童主体地位的教育理念的过程中，也面临着一些挑战和困难。例如，如何平衡儿童的自主性和教师的指导性？如何确保儿童在享受主体地位的同时不失去必要的规范和约束？这些问题都需要进行深入的思考和研究。

随着教育理念的不断更新和科技的不断发展，我们有理由相信，儿童主体地位的教育理念将得到更加广泛的认同和实践，将看到更多的儿童在教育过程中发挥自己的主动性、创造性和创新性，在实现自我发展和社会价值的同时，为社会的进步和发展贡献自己的力量。

探索儿童主体地位的教育理念是当代教育的重要课题。通过深入理解其内涵和意义，采取有效的策略来实现这一理念，积极应对挑战并展望未来发展趋势，可以为儿童的全面发展提供更加有力的支持。同时，这也需要每一位教育工作者、家长以及社会各界人士共同努力，共同推动教育事业的不断进步和发展。

在未来的教育实践中,应该更加注重儿童的主体地位,尊重他们的个性和需求,关注他们的兴趣和特长,为他们提供更加优质的教育资源和环境。同时,也应该不断探索和创新教育方法和手段,以适应时代的发展和儿童的变化。相信在各方的共同努力下,儿童主体地位的教育理念一定能够得到更好的实现和发展。

在探索儿童主体地位教育理念的道路上,虽然会面临诸多挑战和困难,但只要坚定信念、勇于实践、不断创新,就一定能够走出一条符合时代要求、符合儿童发展规律的教育之路。让我们携手共进,为培养更多具有自主性、创新性和合作精神的未来之星而努力奋斗。

第二节 以游戏为主导的学前教育模式

学前教育是儿童成长的关键阶段,对于儿童的认知、情感、社会性和身体发展具有深远的影响。传统的学前教育模式往往注重知识的传授和技能的训练,然而,这种以教师为中心的教学方式往往忽视了儿童的天性——游戏。随着教育理念的不断更新,以游戏为主导的学前教育模式逐渐受到重视,它强调在游戏中学习,通过游戏促进儿童的全面发展。

一、游戏在学前教育中的价值

(一)游戏促进儿童身心发展

游戏是儿童成长中不可或缺的一部分,它不仅能够带给儿童无尽的乐趣,更重要的是,游戏在儿童的身心发展方面扮演着举足轻重的角色。儿童的身心发展是一个复杂而精密的过程,涉及多个方面,而游戏作为一种自然的、无拘无束的活动形式,对于促进儿童的身心发展具有不可替代的作用。

游戏有助于促进儿童的身体发展。在游戏过程中,儿童通过跑、跳、爬、滚等各种动作,能够锻炼肌肉力量,提高身体协调性和灵活性。同时,游戏还可以增强儿童的身体耐力和反应能力,使他们在面对各种挑战时能够更加从容应对。此外,游戏中的一些规则和要求,如排队、等待、合作等,也能够培养儿童的纪律性和自我约束能力,有助于他们形成良好的行为习惯。

游戏对于儿童的认知发展也具有重要意义。在游戏中,儿童可以通过观察、思考、操作和表达等方式,不断积累知识和经验,提升认知水平。例如,在建构游戏中,儿童需要选择合适的材料、构思合理的结构、解决出现的问题等,这些过程都需要他们运用思维能力和创造力。同时,游戏中的角色扮演、情节发展等元素,也有助于激发儿童的想象力和创造力,培养他们的逻辑思维和问题解决能力。

游戏在促进儿童的情感发展方面也发挥着重要作用。在游戏中,儿童可以自由地表达自己的情感和想法,与他人分享快乐和悲伤,从而建立更加深厚的情感联系。同时,游戏中的合作、分享、竞争等元素,也有助于培养儿童的团队精神、同理心和竞争意识,使他们在与他人相处时更加自信、友善和包容。

值得注意的是,游戏对于儿童的社会性发展同样具有积极的促进作用。在游戏中,儿童需要遵守规则、尊重他人、协商解决问题等,这些过程都有助于他们理解社会规范和人际关系,形成积极的社会态度和行为。通过与同龄伙伴的互动,儿童可以学会如何与他人沟通、合作和竞争,这对于他们未来融入社会、建立良好的人际关系具有重要意义。

还需要关注到游戏对于儿童心理健康的积极影响。在游戏中,儿童可以释放压力、缓解焦虑,享受无忧无虑的童年时光。游戏可以帮助儿童建立积极的自我认同，增强自信心和自尊心，从而在面对生活中的挑战和困难时更加坚强和乐观。

在发挥游戏促进儿童身心发展作用的同时，也需要关注到游戏的安全性和适宜性。确保游戏环境的安全卫生，选择适合儿童年龄和发展水平的游戏，避免过度依赖电子产品等，都是保障儿童在游戏过程中得到健康发展的关键。

游戏在促进儿童身心发展方面具有不可替代的作用。应该充分认识到游戏的价值，为儿童提供丰富多样的游戏机会和资源，让他们在游戏中快乐成长、全面发展。同时，也需要关注游戏的安全性和适宜性，确保儿童在游戏过程中得到健康、安全的保障。

除了上述提到的方面，游戏在促进儿童身心发展方面还有许多值得探讨的方面。例如，游戏对于儿童语言发展的促进作用，游戏中的角色扮演和情节发展有助于儿童提高语言表达和理解能力；游戏对于儿童创造力的培养，通过游戏中的自由探索和尝试，儿童可以不断激发自己的创造力和想象力；游戏对于儿童道德观念的形成，游戏中的规则和道德要求有助于儿童理解并遵守社会规范，形成正确的道德观念。

在未来的教育中，应该更加注重游戏的价值和作用，将游戏与教育教学相结合，为儿童创造一个更加轻松、愉快、富有挑战性的学习环境。通过游戏化教学、项目式学习等方式，让儿童在游戏中学习知识、提升能力、培养品质，实现全面发展。

另外，还需要关注到游戏教育的发展趋势和未来挑战。随着科技的不断发展，虚拟现实、增强现实等新技术为游戏教育提供了更多的可能性。可以利用这些技术为儿童创造更加逼真、生动的游戏环境，提升游戏的教育效果。然而，这也带来了新的挑战，例如，如何平衡游戏的娱乐性和教育性，如何确保游戏的安全性和适宜性等。

在教学过程中，需要不断研究和探索游戏教育的最佳实践和方法，为儿童提供更加优质、高效的游戏教育服务。同时，也需要加强家长、教师和社会各界对游戏教育的认识和理解，形成共同推动游戏教育发展的合力。

游戏在促进儿童身心发展方面具有重要的作用和价值。应该充分利用游戏的优点和特点，为儿童提供丰富多样的游戏机会和资源，让他们在游戏中快乐成长、全面发展。同时，也需要关注游戏的安全性和适宜性，确保儿童在游戏过程中得到健康、安全的保障。在未来的教育中，应该更加注重游戏的价值和作用，将游戏与教育教学相结合，为儿童的全面发展创造更加良好的条件。

（二）游戏培养儿童的社会性

游戏是儿童生活中不可或缺的一部分，它不仅是儿童娱乐的方式，更是他们学习社会规则、培养社会性的重要途径。社会性是指个体在与社会互动中形成的特定行为、态度和价值观，对于儿童的成长和发展具有重要意义。

游戏为儿童提供了模拟社会场景的机会。在游戏中，儿童可以扮演不同的社会角色，如医生、警察、老师等，体验不同的职业特点和社会责任。通过角色扮演，儿童可以了解不同职业的工作内容、职责和要求，增强对社会的认知和理解。同时，游戏还可以模拟社会生活中的各种场景，如购物、交通、医院等，让儿童在模拟的环境中学习如何与人交往、如何处理问题，为将来的社会生活做好准备。

游戏有助于儿童学习社会规则。在游戏中，儿童需要遵守一定的游戏规则，这些规则往往反映了社会生活中的基本道德规范和法律法规。通过遵守游戏规则，儿童可以逐渐理解并内化这些社会规则，形成良好的行为习惯和道德品质。例如，在游戏中，儿童需要学会排队、等待、分享等，这些规则有助于培养他们的秩序感和合作精神。同时，游戏中的惩罚和奖励机制也可以让儿童明白做错事会受到惩罚，做好事会得到奖励，从而培养他们的责任感和正义感。

游戏还有助于培养儿童的团队合作精神和竞争意识。在游戏中，儿童往往需要与他人合作才能完成任务或取得胜利。通过合作，儿童可以学会倾听他人的意见、尊重他人的想法、协调彼此的行动，从而培养团队合作精神。同时，游戏中的竞争元素也可以激发儿童的进取心和竞争意识，让他们学会在竞争中保持冷静、坚持不懈、追求进步。这种团队合作精神和竞争意识对于儿童未来的学习和工作都具有重要意义。

游戏还能帮助儿童提升沟通能力和解决问题的能力。在游戏中，儿童需要与同伴进行频繁的沟通，表达自己的想法和需求，也需要倾听他人的意见和反馈。这种沟通的过程有助于儿童提升语言表达能力和理解能力，增强他们的社交技巧。同时，游戏中往往会出现各种问题和挑战，儿童需要在解决问题的过程中进行思考和探索，这种过程可以锻炼他们的逻辑思维能力和创新思维能力，提升他们解决问题的能力。

游戏还能让儿童学会尊重和接纳不同的观点和文化。在游戏中，儿童可能会遇到来自不同背景和文化的同伴，他们需要学会理解和尊重彼此的差异，通过合作和协商达成共识。这种过程有助于培养儿童的包容性和多元文化意识，让他们在未来的社会生活中更加自信和开放。

游戏虽然对培养儿童的社会性具有积极作用，但并非所有游戏都适合儿童。家长和教师在选择游戏时，需要关注游戏的内容、形式和适宜性，确保游戏能够真正促进儿童的社会性发展。同时，他们还需要引导儿童在游戏中正确地处理人际关系、遵守社会规则、尊重他人权利，让游戏成为培养儿童社会性的有效工具。

通过游戏，儿童可以逐渐形成良好的行为习惯、道德品质、团队合作精神和竞争意识等社会性品质，为将来的社会生活做好准备。因此，家长和教师应该充分利用游戏这一教育资源，为儿童创造一个充满乐趣和挑战的游戏环境，让他们在游戏中快乐成长、全面发展。

（三）游戏激发儿童的学习兴趣

游戏是儿童生活的重要组成部分，它以其独特的魅力吸引着孩子们，不仅让他们在玩乐中度过愉快的时光，更重要的是，游戏能够激发儿童的学习兴趣，促使他们主动探索、积极学习。

游戏具有趣味性和互动性，能够吸引儿童的注意力。儿童天生好奇心强，对于新奇、有趣的事物总是充满兴趣。游戏中的色彩鲜艳、形象生动的画面，以及丰富多样的玩法，能够迅速抓住儿童的眼球，让他们沉浸其中。同时，游戏中的互动元素也让儿童能够参与其中，与游戏中的角色或同伴进行互动，这种互动的过程不仅增加了游戏的趣味性，也让儿童在玩乐中感受到学习的乐趣。

游戏为儿童提供了自由探索的空间。在游戏中，儿童可以自由选择角色、场景和任务，根据自己的兴趣和能力进行探索。这种自由探索的过程让儿童能够充分发挥想象力和创造力，尝试不同的方法和策略来解决问题。通过不断地尝试和实践，儿童不仅能够积累丰富的经验，还能够逐渐发现学习的乐趣，从而激发学习兴趣。

游戏中的挑战性和成就感也是激发儿童学习兴趣的重要因素。游戏中的任务往往具有一定的难度和挑战性，需要儿童付出一定的努力才能完成。当儿童通过努力克服困难，完成任务时，他们会感受到一种成就感和满足感，这种感受会进一步激发他们的学习动力。同时，游戏中的奖励机制也能够让儿童感受到自己的努力得到了认可，从而更加积极地投入学习中。

游戏在还可以激发儿童的好奇心和求知欲。好奇心是儿童的天性，他们渴望了解周围的世界，探索未知的领域。游戏中的虚拟世界为儿童提供了一个广阔的探索空间，让他们能够接触到各种新奇的事物和概念。在探索的过程中，儿童会不断提出问题、寻找答案，这种主动求知的过程不仅能够提升他们的认知能力，还能够培养他们的探索精神和创新精神。

游戏的多样性也为激发儿童的学习兴趣提供了可能。不同的游戏类型和内容能够满足不同儿童的兴趣和需求。例如，益智类游戏可以锻炼儿童的思维能力和解决问题的能力；角色扮演类游戏可以让儿童体验不同的职业和角色，了解社会的多样性和复杂性；运动类游戏则可以让儿童在运动中锻炼身体，培养团队合作精神。这些多样化的游戏形式和内容让儿童能够在玩乐中找到自己的兴趣点，从而更加积极地投入学习中。

游戏在激发儿童学习兴趣的同时，也需要关注游戏的品质和适宜性。优质的游戏应该具有教育意义，能够引导儿童在玩乐中学习知识和技能；同时，游戏也应该适合儿童的年龄和认知发展水平，避免过于复杂或过于简单而失去教育价值。此外，还需要关注游戏对儿童的身心健康的影响，确保儿童在健康、安全的环境中享受游戏的乐趣。

游戏能够激发儿童的学习兴趣，让他们在玩乐中探索、学习、成长。作为家长和教育者，应该充分认识到游戏的教育价值，为儿童提供丰富多样的游戏资源和机会，让他们在游戏的陪伴下快乐成长、全面发展。同时，也需要关注游戏的品质和适宜性，确保游戏能够真正促进儿童的学习和发展。

在未来的教育中，可以进一步探索游戏与教育的融合方式，将游戏元素融入教学中，让学习变得更加有趣和生动。例如，可以利用游戏化学习平台或工具，设计具有挑战性的学习任务和奖励机制，激发儿童的学习兴趣和动力；也可以组织各种形式的游戏化学习活动，如知识竞赛、角色扮演游戏等，让儿童在轻松愉快的氛围中学习和成长。

游戏激发儿童的学习兴趣是一个值得深入研究和探索的领域。应该充分利用游戏的魅力和优势，为儿童创造一个充满乐趣和挑战的学习环境，让他们在游戏的陪伴下快乐学习、健康成长。

二、以游戏为主导的学前教育模式的实施策略

（一）创设丰富的游戏环境

创设丰富的游戏环境意味着提供多样化的游戏材料。儿童在游戏中通过操作材料来构建自己的世界，因此，游戏材料的种类和数量直接影响到儿童的游戏体验。应该为儿童提供不同形状、颜色、功能的游戏材料，如积木、拼图、沙水玩具、角色扮演服装等，以满足他们不同的游戏需求。同时，还应关注游戏材料的更新和替换，以保持儿童对游戏的新鲜感和兴趣。

创设丰富的游戏环境需要合理规划游戏空间。游戏空间的大小、布局和设施都会影响到儿童的游戏活动。应该为儿童提供宽敞、明亮、安全的游戏空间，确保他们能够自由地进行跑、跳、爬等身体活动。同时，还应根据儿童的兴趣和需求，设置不同的游戏区域，如益智区、运动区、角色扮演区等，让儿童能够根据自己的喜好选择游戏内容。

创设丰富的游戏环境还应注重游戏环境的主题性和情境性。通过设计具有主题特色的游戏环境，如森林主题、海洋主题、城堡主题等，可以为儿童提供更为丰富的游戏背景和情境，激发他们的想象力和创造力。同时，还可以通过布置场景、设置道具等方式，为儿童营造一个逼真的游戏氛围，让他们在游戏中更好地体验角色、理解规则、解决问题。

在创设丰富的游戏环境时，还应该关注游戏环境的教育性。游戏不仅是儿童娱乐的方式，也是他们学习和发展的重要途径。因此，应该在游戏环境中融入教育元素，如通过益智游戏培养儿童的思维能力，通过角色扮

演游戏培养儿童的社交能力，通过运动游戏培养儿童的身体素质等。这样，儿童在游戏的过程中不仅能够享受到乐趣，还能够获得知识和能力的提升。

创设丰富的游戏环境还需要关注儿童的个体差异。每个儿童都有自己独特的兴趣、能力和发展水平，因此，在创设游戏环境时应充分考虑这些差异，为儿童提供不同层次、不同难度的游戏选择。这样，每个儿童都能够在适合自己的游戏环境中找到乐趣和挑战，实现个性化发展。

创设丰富的游戏环境也需要关注游戏的安全性。安全是儿童游戏的前提条件，因此，在创设游戏环境时，应该选择安全、无毒、无刺激性的游戏材料，确保游戏设施的稳固性和耐用性。此外，还应定期对游戏环境进行清洁和消毒，保持环境的卫生和整洁，为儿童提供一个健康、安全的游戏空间。

创设丰富的游戏环境还需要与儿童共同参与和创造。儿童是游戏的主人，他们的参与和创造是游戏环境建设的重要组成部分。应该鼓励儿童参与到游戏环境的创设中来，让他们提出自己的想法和建议，共同规划和布置游戏空间。这样，不仅能够增强儿童对游戏环境的认同感和归属感，还能够培养他们的创造力和合作能力。

创设丰富的游戏环境是一个综合性的过程，需要从游戏材料、空间规划、主题设计、教育性、个体差异、安全性以及儿童参与等多个方面进行考虑和实施。只有这样，才能为儿童提供一个真正丰富多样、有趣有益的游戏环境，让他们在游戏中快乐成长、全面发展。

随着教育理念的更新和儿童发展需求的多样化，创设丰富的游戏环境也需要不断与时俱进。应该关注最新的游戏教育理念和研究成果，将新的游戏元素和方式引入游戏环境中，为儿童提供更多元化的游戏选择。同时，还应该关注儿童在游戏中的表现和反馈，及时调整和完善游戏环境，确保它能够满足儿童的成长需求。

创设丰富的游戏环境还需要家庭、学校和社会的共同努力。家庭是儿童成长的第一课堂，家长应该为儿童提供安全、有趣的游戏空间和材料，陪伴他们一起游戏、探索和学习。学校则应该充分利用教育资源，为儿童创设多样化的游戏环境，将游戏融入教育教学中，促进儿童的全面发展。社会也应该关注儿童的游戏需求和环境建设，为儿童提供更多的公共游戏场所和设施，让他们能够在更广阔的空间中游戏、成长。

创设丰富的游戏环境是一个长期而复杂的过程，需要不断探索和实践。通过提供多样化的游戏材料、合理规划游戏空间、注重游戏环境的主题性和情境性、融入教育元素、关注个体差异、确保安全性和鼓励儿童参与等方式，可以为儿童创造一个真正丰富多样、有趣有益的游戏环境，让他们在游戏中快乐成长、全面发展。

（二）教师角色的转变

随着社会的快速发展和教育的不断进步，教师角色的转变已经成为教育领域的一个显著趋势。传统的教师角色往往被定位为知识的传递者，而在现代社会中，教师的角色正在经历深刻的变革。他们不仅需要传授知识，更要扮演引导者、合作者、创新者等多重角色，以适应新时代教育的发展需求。

教师角色的转变体现在从知识传递者到引导者的转变。传统的教育模式下，教师往往是知识的权威，学生则是被动接受知识的容器。然而，随着信息时代的到来，知识的获取途径变得多样化，学生可以通过互联网、图书馆等多种渠道获取知识。因此，教师的角色不再仅仅是传授知识，更重要的是引导学生如何获取知识，如何运用知识解决问题。他们需要激发学生的学习兴趣，培养学生的自主学习能力，让学生在探究中学会学习，在实践中掌握知识。

教师角色的转变还体现在从单一教学者到合作伙伴的转变。在现代教育中，教师不再是孤立的个体，而是需要与学生、家长、同事以及社区等多方面进行合作。教师需要与学生建立平等的合作关系，共同探究问题、解决问题。他们还需要与家长保持密切沟通，了解学生的家庭背景和成长环境，以便更好地指导学生的学习和生活。此外，教师还需要与同事进行协作，共同研究教学方法和策略，提高教学效果。通过与社区的合作，教师可以引导学生参与社会实践活动，培养学生的社会责任感和公民意识。

教师角色的转变也表现在从执行者到创新者的转变。在传统的教育体系中，教师往往扮演着执行者的角色，按照既定的教学大纲和教学方法进行教学。然而，随着教育改革的深入推进，教师需要具备创新意识和创新能力，以适应新时代的教育需求。他们需要不断探索新的教学方法和策略，尝试将新技术、新媒体融入教学中，提高教学效果。同时，教师还需要关注学生的个性化需求，根据学生的兴趣和特长进行差异化教学，让每个学生都能得到适合自己的教育。

教师角色的转变还要求他们成为终身学习者。随着知识更新速度的加快和教育理念的变革，教师需要不断更新自己的知识结构和教育观念。他们需要关注教育领域的最新动态和研究成果，学习新的教育理论和教学方法。通过参加培训、研讨、交流等活动，不断提升自己的专业素养和教学能力。同时，教师还需要保持开放的心态，勇于接受新的教育理念和教学方法，敢于尝试和创新，以适应新时代教育的发展需求。

在实现教师角色转变的过程中，还需要关注一些关键问题。首先，教师需要深入理解新时代的教育理念，明确自己的角色定位和责任担当。其次，教师需要不断提升自己的专业素养和教学能力，以适应新的教育需求。同时，学校和教育行政部门也需要为教师提供必要的支持和保障，如提供培训机会、优化教学环境等，以促进教师角色的顺利转变。

教师角色的转变是教育领域发展的必然趋势。教师需要从知识传递者转变为引导者、合作伙伴和创新者等多重角色，以适应新时代教育的发展需求。同时，也需要关注教师角色转变过程中可能遇到的问题和挑战，为教师提供必要的支持和保障。只有这样，才能培养出更多具有创新精神和实践能力的人才，推动教育事业的持续发展和进步。

教师角色的转变并非一蹴而就，而是一个长期且持续的过程。在这个过程中，教师自身需要付出巨大的努力，同时还需要得到社会各界的支持和理解。此外，教师角色的转变还需要与教育改革和课程改革相结合，共同推动教育的进步。

教师需要不断提升自己的专业素养和教育教学能力。这不仅包括掌握扎实的学科知识，还包括了解最新的教育理念和教学方法。教师需要积极参加各种培训和学习活动，不断拓宽自己的视野，提升自己的教育教学水平。

教师需要关注学生的全面发展，注重培养学生的创新精神和实践能力。在教学过程中，教师应尊重学生的个体差异，关注学生的兴趣和需求，通过设计多样化的教学活动，激发学生的学习兴趣和积极性。同时，教师还应鼓励学生积极参与社会实践活动，让学生在实践中学习和成长。

教师还需要加强与其他教育工作者的合作与交流。通过集体备课、教学研讨等方式，教师可以分享教学经验和方法，共同解决教学中遇到的问题。这种合作与交流不仅可以提升教师的教学水平，还可以促进教师之间的相互学习和支持。

教育部门和学校也需要为教师角色的转变提供必要的支持和保障。例如，可以加大对教师培训的投入力度，为教师提供更多的学习和发展机会；可以优化教学环境，为教师创造一个良好的工作氛围；还可以制定激励政策，鼓励教师积极参与教育改革和教学实践。

教师角色的转变还需要得到家长和社会的理解和支持。家长应认识到教师角色转变的重要性，积极配合教师的工作，共同促进孩子的成长。社会应尊重教师的职业地位和专业素养，为教师创造一个良好的工作环境和舆论氛围。

教师角色的转变是新时代教育发展的必然趋势。需要从多个方面入手，共同推动教师角色的顺利转变。只有这样，才能培养出更多具有创新精神和实践能力的人才，为社会的进步和发展做出更大的贡献。

（三）整合游戏与教学活动

在当今的教育领域中，整合游戏与教学活动已经成为一种趋势，其目的在于通过游戏的形式，使教学活动更加生动有趣，激发学生的学习兴趣，提高教学效果。这种整合不仅符合儿童的心理特点，也符合现代教育理念的要求，有助于培养学生的综合素质。

整合游戏与教学活动符合儿童的心理特点。儿童天生好奇、好动，对新鲜事物充满兴趣。游戏作为一种轻松、有趣的活动形式，能够迅速吸引儿童的注意力，激发他们的参与热情。通过游戏，儿童可以在轻松愉快的氛围中学习新知识，掌握新技能[1]。同时，游戏还能够激发儿童的想象力和创造力，培养他们的团队合作意识和解决问题的能力。

整合游戏与教学活动有助于激发学生的学习兴趣。传统的教学方法往往注重知识的灌输和机械的记忆，容易导致学生感到枯燥乏味。而游戏化的教学活动能够使学生在轻松愉快的氛围中学习，提高他们的学习兴趣和积极性。通过游戏，学生可以更加直观地理解知识，更加深入地掌握知识，从而提高学习效果。

整合游戏与教学活动还有助于提高学生的综合素质。在游戏化的教学

---

[1] 高兴龙. 农村幼儿园体育游戏教学组织原则与策略［J］. 基础教育论坛，2021（18）：32-33.

活动中,学生不仅需要掌握一定的知识和技能,还需要具备良好的沟通能力、合作能力和解决问题的能力。这些能力对于学生未来的发展至关重要。通过参与游戏化的教学活动,学生可以锻炼这些能力,提高自己的综合素质。

要实现游戏与教学活动的有效整合,并不是一件简单的事情。教师需要精心设计游戏环节,确保游戏与教学内容紧密相连,既要体现游戏的趣味性,又要体现教学的目标性。同时,教师还需要根据学生的年龄特点和认知水平,选择适合的游戏形式和难度,确保每个学生都能够从中受益。

在具体实施上,教师可以从以下几个方面着手整合游戏与教学活动:

一是利用游戏创设情境,引导学生主动探索。教师可以根据教学内容,设计富有情境性的游戏,让学生在游戏中扮演不同的角色,通过亲身体验和实际操作来理解和掌握知识。这种情境化的教学方式能够激发学生的学习兴趣,培养他们的主动探索精神。

二是通过游戏化竞赛,激发学生的学习兴趣和竞争意识。教师可以组织一些具有竞争性的游戏,让学生在比赛中展示自己的才能和实力,从而激发他们的学习热情。同时,通过竞赛的形式,还能够培养学生的团队精神和合作能力。

三是借助数字游戏资源,丰富教学形式和内容。随着科技的进步,数字游戏在教育领域的应用越来越广泛。教师可以利用这些数字游戏资源,丰富教学形式和内容,使教学活动更加生动有趣。例如,利用虚拟现实技术创建虚拟实验室,让学生在虚拟环境中进行实验操作;利用在线教育平台组织线上游戏竞赛,让学生在游戏中学习新知识等。

四是注重游戏与教学的平衡,确保教学效果。虽然游戏化教学具有很多优点,但也不能过度依赖游戏而忽视教学的本质。教师在整合游戏与教学活动时,要把握好游戏与教学的平衡,确保游戏环节的设计能够真正服务于教学目标，提高教学效果。

整合游戏与教学活动可能带来的挑战也不容忽视。例如，如何确保游戏的趣味性与教育性的平衡，如何根据学生的个体差异设计适合他们的游戏化教学活动，如何评估游戏化教学的效果等。这些问题都需要在实践中不断探索和解决。

并且，还需要关注游戏化教学的未来发展趋势。随着科技的进步和教育理念的更新，游戏化教学将会呈现出更多的可能性。例如，通过利用人工智能等技术，可以设计出更加智能、个性化的游戏化教学活动；通过结合虚拟现实、增强现实等技术，可以为学生创造更加沉浸式的学习体验。这些技术的发展将为游戏化教学带来无限的可能性。

整合游戏与教学活动是一种符合儿童心理特点、有助于激发学生学习兴趣、培养学生综合素质的教学方式。虽然在实际操作中可能会遇到一些挑战，但只要不断探索和实践，就能够找到更加有效的整合方式，为教育事业的发展贡献力量。同时，也需要关注游戏化教学的未来发展趋势，不断探索新的教学方式和手段，以适应时代的发展和学生的需求。

在未来的教育实践中，期待看到更多的教师能够积极尝试整合游戏与教学活动，创新教学方式，为学生提供更加优质的教育资源和学习体验。同时，也希望社会各界能够给予教育更多的关注和支持，共同推动教育事业的进步和发展。

需要强调的是，整合游戏与教学活动并不是一种孤立的教学方法，而是需要与其他教学手段和方法相互配合，形成一个完整的教学体系。因此，在实践过程中要注重与其他教学方法的融合，充分发挥各种教学方法的优势，共同提高教学效果和质量。

整合游戏与教学活动是一种富有创新性和实效性的教学方式，对于激发学生的学习兴趣、培养学生的综合素质具有重要意义。应该积极探索和实践这种教学方式，为培养更多具有创新精神和实践能力的人才作出贡献。

三、以游戏为主导的学前教育模式的优势与挑战

在学前教育领域以游戏为主导的教育模式日益受到重视。这种教育模式强调通过游戏的方式，激发儿童的学习兴趣，培养他们的创造力、合作精神和解决问题的能力。然而，任何一种教育模式都有其优势和挑战，以游戏为主导的学前教育模式也不例外。本节将详细探讨这种模式的优势与挑战，以期为读者提供更深入的理解。

（一）以游戏为主导的学前教育模式的优势

（1）激发儿童学习兴趣与主动性。游戏是儿童最喜爱的活动之一，通过游戏，儿童可以在轻松愉快的氛围中学习新知识、掌握新技能。以游戏为主导的学前教育模式将学习内容融入游戏中，使儿童在玩耍的过程中自然而然地吸收知识，从而激发他们的学习兴趣和主动性。这种学习方式更符合儿童的身心发展规律，有助于培养他们的自主学习能力和探索精神。

（2）促进儿童全面发展。以游戏为主导的学前教育模式注重培养儿童的综合素质，包括创造力、想象力、沟通能力、合作精神和解决问题的能力等。游戏中的角色扮演、团队合作、解决问题等环节，有助于儿童全面发展各项能力。此外，游戏还能锻炼儿童的动手能力、观察能力和思维能力，为他们未来的学习和生活打下坚实基础。

（3）增强儿童的社会适应能力。在游戏中，儿童需要与其他伙伴互动、合作，共同完成任务。这种互动过程有助于儿童学会尊重他人、理解他人，培养他们的同理心和合作精神。同时，游戏中的规则意识和公平竞争原则，也有助于儿童形成良好的道德品质和社会适应能力。通过游戏，儿童可以更好地融入社会，与他人建立良好的人际关系。

(二) 以游戏为主导的学前教育模式的挑战

（1）教师角色的转变与能力提升。在以游戏为主导的学前教育模式中，教师不再是单纯的知识传授者，而是儿童学习的引导者和支持者。这要求教师具备更高的专业素养和教育技能，能够设计富有创意性和启发性的游戏，引导儿童在游戏中学习和发展。同时，教师还需要具备较强的观察能力和分析能力，能够及时发现儿童在游戏中的问题和需求，提供有针对性的指导和帮助。因此，对于教师来说，实现角色的转变和提升教育能力是一大挑战。

（2）游戏设计与实施的质量把控。游戏的质量直接影响到学前教育的效果。设计一款既有趣又有教育意义的游戏并非易事，需要充分考虑儿童的年龄、兴趣、认知发展等特点。同时，在实施游戏的过程中，教师还需要根据儿童的反应和表现，灵活调整游戏难度和进度，确保游戏能够真正发挥教育作用。然而，现实中往往存在游戏设计过于简单、缺乏教育性，或者实施过程中过于刻板、缺乏灵活性等问题，这些都会影响到以游戏为主导的学前教育模式的效果。

（3）家庭与社会的认可与支持。尽管以游戏为主导的学前教育模式在理论上具有诸多优势，但在实际推行过程中，仍可能面临家庭和社会的质疑和阻力。一些家长可能认为游戏会耽误孩子的学习，或者担心孩子在游戏中过度沉迷于玩乐而忽视学习。此外，社会对学前教育的传统观念也可能对这种新模式产生一定的抵触情绪。因此，要推广以游戏为主导的学前教育模式，还需要加强宣传教育，提高家庭和社会的认可度和支持度。

(三) 应对挑战的策略与建议

（1）加强教师培训与专业素养提升。针对教师在以游戏为主导的学前教育模式中的角色转变和能力提升问题，可以通过加强教师培训、提供专业素养提升课程等方式，帮助教师掌握游戏设计的技巧和方法，提高他们在游戏中的引导和支持能力。同时,建立教师之间的交流与合作机制,分享经验和资源,共同推动教育模式的创新与发展。

(2)优化游戏设计与实施过程。为了确保游戏的质量和实施效果,可以组织专家团队对游戏进行研发和评估,确保游戏内容既符合儿童的身心发展规律又具有教育意义。同时,建立灵活的游戏实施机制,允许教师在实施过程中根据儿童的实际情况进行调整和优化。此外,通过定期的游戏效果评估与反馈,不断改进和完善游戏设计与实施过程。

(3)增进家庭与社会的理解与支持。通过举办家长座谈会、开展亲子活动等方式,加强与家长之间的沟通与交流,让他们了解以游戏为主导的学前教育模式的理念与优势,消除他们的疑虑和担忧。同时,积极向社会宣传这种教育模式的成果与经验,提高社会对学前教育的认识和理解。此外,加强与政府部门的合作与沟通,争取政策支持和资源保障,为推广以游戏为主导的学前教育模式创造有利条件。

以游戏为主导的学前教育模式具有诸多优势,但也面临着不少挑战。通过加强教师培训、优化游戏设计与实施过程以及增进家庭与社会的理解与支持等措施,可以有效应对这些挑战,推动这种教育模式在学前教育领域得到更广泛的应用和发展。

第三节 社区参与和家庭融合的教育模式

随着社会的发展和教育的进步,人们越来越认识到教育不仅仅是学校的责任,而是需要社区、家庭等多方面的共同参与。社区参与和家庭融合的教育模式正是在这一背景下应运而生,它强调学校、社区和家庭之间的紧密合作,共同为学生的全面发展提供支持和保障。

社区作为一个集体，拥有丰富的教育资源和文化底蕴。社区参与在教育中的重要作用主要体现在以下 6 个方面：

一、资源共享

随着教育理念的更新和社会发展的不断进步，社区参与在教育领域的作用日益凸显。特别是在资源共享方面，社区参与不仅丰富了教育资源，还为学生提供了更广阔的学习平台和实践机会。本节将从多个角度探讨社区参与在教育中资源共享的作用，并深入分析其背后的意义和价值（图 3-1）。

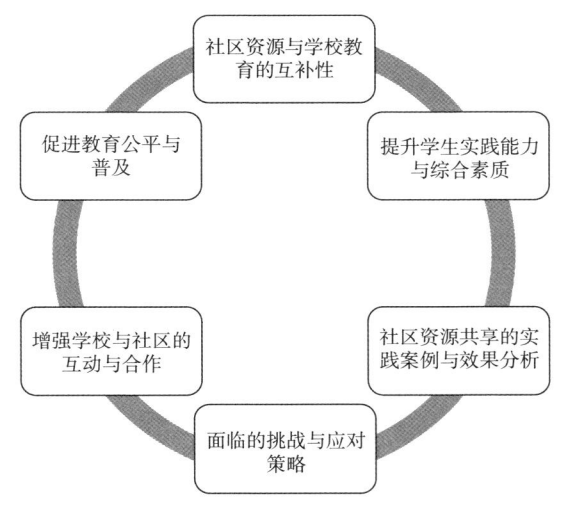

图 3-1 资源共享的意义与价值

（一）社区资源与学校教育的互补性

社区作为一个集合了多种资源和功能的集体，其拥有的资源与学校教育资源具有天然的互补性。学校虽然拥有完善的教学设施和专业的教师队伍，但在某些特定领域或实践活动中，社区资源往往更具优势。例如，社区中的文化活动中心、图书馆、博物馆等公共设施，以及各类专业人士和志愿者，都可以成为学校教育的有力补充。通过利用这些资源，学校可以为学生提供更多元化、更贴近实际的学习体验，从而增强教育的吸引力和实效性。

（二）促进教育公平与普及

社区参与在资源共享方面的作用体现在促进教育公平与普及方面。在一些教育资源相对匮乏的地区，社区资源的利用显得尤为重要。通过社区参与，学校可以与社区合作，共同开发和利用本地资源，为更多学生提供学习机会。同时，社区中的志愿者和专业人士也可以参与到教育活动中来，为学生提供指导和帮助，从而缩小教育差距，促进教育公平。

（三）提升学生实践能力与综合素质

社区参与在资源共享方面的作用体现在提升学生的实践能力与综合素质方面。通过参与社区活动和实践项目，学生可以接触到真实的社会环境和实际问题，从而锻炼自己的实践能力、团队协作能力和解决问题的能力。同时，社区活动还可以为学生提供更多的社交机会，帮助他们拓展人际关系、增强社会适应能力。这些经历对于学生未来的个人发展和职业规划都具有重要意义。

（四）增强学校与社区的互动与合作

社区参与在资源共享方面的作用不仅体现在对学生个体的影响上，还体现在增强学校与社区之间的互动与合作方面。通过共享资源，学校与社区之间建立了更加紧密的联系和合作关系。这种合作关系不仅有助于提升教育质量，还可以促进社区文化的发展和传承。同时，学校与社区的合作还可以为双方带来更多的发展机遇和合作空间，实现互利共赢。

（五）社区资源共享的实践案例与效果分析

一些具体的实践案例更好地说明社区参与在教育中资源共享的作用。例如，某小学与当地社区合作，利用社区的文化资源开展了一系列传统文化教育活动。这些活动不仅让学生亲身感受到了传统文化的魅力，还增强了他们对本地文化的认同感和自豪感。同时，这种合作模式也得到了家长和社会的高度认可和支持。

再比如，一些城市社区建立了青少年活动中心或实践基地，为学生提供了丰富的实践机会和学习平台。这些中心或基地通常配备有专业的指导教师和志愿者团队，能够为学生提供有针对性的指导和帮助。通过这种方式，学生可以在实践中学习和成长，提高自己的综合素质和能力水平。

通过对这些实践案例的分析，可以看到社区参与在教育中资源共享的积极作用和显著效果。它不仅能够丰富教育资源、提升教育质量，还能够促进学生的全面发展，提升社会适应能力。

（六）面临的挑战与应对策略

尽管社区参与在教育中资源共享方面发挥了重要作用，但在实际推行过程中也面临着一些挑战。首先，不同社区之间的资源差异较大，如何平衡和协调这些差异是一个难题。其次，社区资源的利用和管理需要专业的指导和规划，否则可能会出现资源浪费或利用不当的情况。此外，学校与社区之间的合作机制也需要进一步完善和优化，以确保资源共享的顺利进行。

针对这些挑战，可以采取以下应对策略：①加强政府和社会组织的支持和引导，为社区参与提供必要的政策和资金保障；②加强学校与社区之间的沟通和协调，建立长效的合作机制；③加强对社区资源的规划和管理，确保资源的有效利用和可持续发展；④加强宣传和推广工作，提高社会对社区参与在教育中资源共享的认识和重视程度。

同时，通过加强学校与社区之间的合作和互动，还可以实现教育资源的优化配置和高效利用，为构建和谐社会、促进教育公平做出积极贡献。在未来的教育发展中，应进一步发挥社区参与的优势和作用，推动教育事业的持续健康发展。

二、实践机会

随着教育理念的更新和社会发展的不断进步，社区参与在教育领域的作用日益凸显。特别是在为学生提供实践机会方面，社区参与发挥着不可替代的作用。以下将从多个角度探讨社区参与在教育中实践机会的作用，并深入分析其背后的意义和价值（图 3-2）。

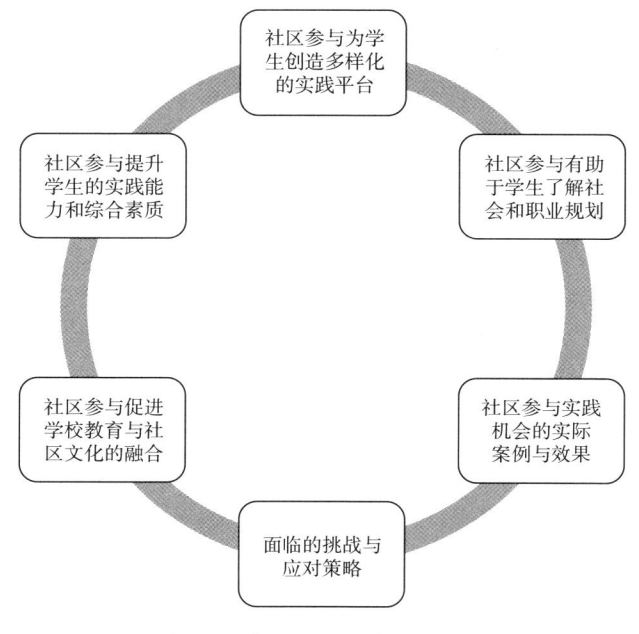

图 3-2 实践机会的意义与价值

（一）社区参与为学生创造多样化的实践平台

学校虽然为学生提供了基本的实践机会，但往往受限于场地、资源和时间等因素，难以满足学生多样化的实践需求。而社区作为一个集合了多种功能和资源的集体，可以为学生提供更加广阔和丰富的实践平台。通过参与社区活动和服务项目，学生可以接触到各种真实的社会环境和问题，从而在实践中锻炼自己的能力和技能。

例如，社区中的环保活动、公益活动、志愿服务等，都可以成为学生的实践机会。通过参与这些活动，学生可以亲身感受社会实践的意义和价值，培养自己的社会责任感和公民意识❶。同时，这些活动也可以为学生提供更多的挑战和机会，激发他们的创造力和创新精神。

（二）社区参与提升学生的实践能力和综合素质

实践是检验真理的唯一标准，也是提升学生能力和素质的有效途径。通过参与社区实践，学生可以将在学校学到的知识和技能应用到实际生活中去，检验自己的学习成果，并不断提升自己的实践能力。

同时，社区实践还可以培养学生的团队协作能力、沟通能力和解决问题的能力。在实践过程中，学生需要与社区成员合作，共同完成任务。这种合作不仅可以培养学生的团队协作精神，还可以锻炼他们的沟通和协调能力。此外，实践中遇到的问题和挑战也可以锻炼学生的解决问题能力和应变能力。

（三）社区参与有助于学生了解社会和职业规划

社区作为社会的一个缩影，包含了各种各样的职业和行业。通过参与社区实践，学生可以更加深入地了解社会的运作机制和职业特点，为未来的职业规划提供有益的参考。

在实践中，学生可以接触到不同职业的从业人员，了解他们的工作内容、工作环境和职业要求。这种接触可以让学生更加明确自己的职业兴趣和方向，为未来的职业选择做好准备。同时，社区实践也可以为学生提供一些实习和就业的机会，帮助他们更好地融入社会，实现自己的职业目标。

---

❶ 张蔚钦. 新时期大学生思政教育存在的问题及改进措施［J］. 现代职业教育，2023（20）：169-172.

(四) 社区参与促进学校教育与社区文化的融合

学校教育与社区文化是两个既相互独立又相互关联的领域。通过社区参与，学校教育与社区文化可以实现有机融合，共同为学生的成长提供支持和保障。

社区实践可以让学生更加深入地了解社区的文化传统和价值观，增强他们对本地文化的认同感和归属感。同时，学校也可以将社区文化作为教育资源引入教学，丰富教学内容和形式，提高学生的学习兴趣和参与度。这种融合不仅可以促进学生的全面发展，还可以推动社区文化的传承和发展。

(五) 社区参与实践机会的实际案例与效果

为了更好地说明社区参与在教育中实践机会的作用，可以举一些实际的案例。例如，某中学与当地社区合作开展了一项"环保小卫士"活动，学生们利用课余时间参与社区的环保宣传和实践活动。通过捡拾垃圾、宣传环保知识等方式，学生们不仅提高了自己的环保意识，还培养了团队协作和沟通能力。这项活动得到了社区居民的高度评价和认可，也为学生们提供了宝贵的实践机会。

再比如，一些社区建立了青少年实践基地或创新实验室，为学生提供了更加专业的实践平台。在这些基地或实验室中，学生们可以接触到先进的科技设备和创新项目，通过实际操作和探究学习，提升自己的创新能力和科学素养。这些实践机会不仅让学生们感受到了科技的魅力，也为他们未来的职业发展打下了坚实的基础。

(六) 面临的挑战与应对策略

尽管社区参与在教育中实践机会的作用显著，但在实际操作中也面临着一些挑战。首先，社区资源的有限性可能导致实践机会不足或分配不均。为了应对这一挑战，学校可以积极与多个社区建立合作关系，扩大资源获取渠道；同时，也可以加强校内资源的整合和优化利用，提高实践机会的覆盖率和质量。

社区实践的组织和管理也可能存在一定的难度。为了确保实践活动的安全和有效性，学校需要制订详细的实践计划和安全预案，并加强对学生的指导和监督。此外，学校还可以与社区组织或专业机构合作，共同开展实践活动，提高活动的专业性和实效性。

学生参与社区实践的积极性也可能受到一定因素的影响。为了激发学生们的参与热情，学校可以通过开展宣传教育活动、设立奖励机制等方式，提高学生们对社区实践的认识和重视程度；同时，也可以加强对学生们的心理辅导和关怀，帮助他们克服实践中的困难和挑战。

社区参与在教育中实践机会的作用不可忽视。它为学生提供了多样化的实践平台，有助于提升学生的实践能力和综合素质；同时，也有助于学生了解社会，做好职业规划，促进学校教育与社区文化的融合。面对挑战，应积极采取应对策略，确保社区参与在教育中实践机会的有效发挥❶。相信在未来，随着社区参与程度的不断提高和实践机制的不断完善，教育将会迎来更加广阔的发展空间和更加美好的明天。

三、文化传承

在教育的广阔领域中，社区参与不仅为教育资源的共享和实践机会的创造提供了可能，更在文化传承方面发挥着举足轻重的作用。文化传承作为民族精神的延续和文明发展的重要载体，其重要性不言而喻。而社区作为社会的基本单元，是文化传承的重要场所和载体。因此，探讨社区参与在教育中文化传承的作用，对于深化教育改革、弘扬民族文化、培养具有

---

❶ 袁合川，李瞳.应用型法律人才的培养模式探究[J].法制博览，2019（20）：57-58.

高度文化自信的新时代青少年具有重要意义（图3-3）。

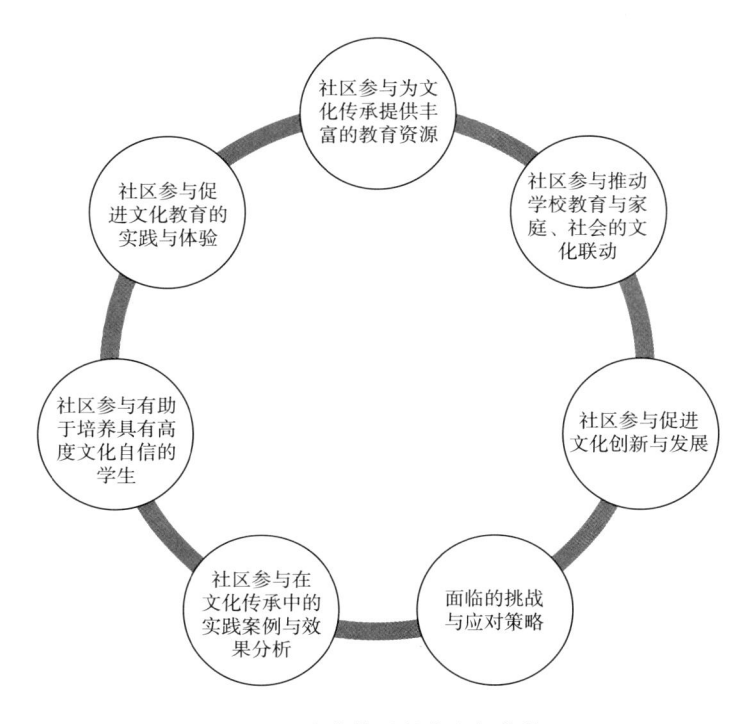

图 3-3　文化传承的意义与价值

（一）社区参与为文化传承提供丰富的教育资源

社区作为一个集合了多种文化元素的集合体，拥有丰富的文化资源。这些资源包括历史遗迹、传统技艺、民间故事、风俗习惯等，都是宝贵的文化遗产和教育资源。通过社区参与，学校可以充分利用这些资源，开展形式多样的文化教育活动，让学生在亲身参与中感受文化的魅力，增强对传统文化的认同感和自豪感[1]。

例如，学校可以与社区合作，组织学生参观历史博物馆、文化遗产地等，让学生直观了解历史文化的脉络和内涵；同时，学校还可以邀请社区

---

[1] 周亚珍. 刍议小学英语课堂中学生文化自信的培养［J］. 试题与研究，2022（34）：150-152.

中的文化传承人、民间艺人等走进校园，为学生展示传统技艺和表演民间艺术，让学生在亲身体验中感受传统文化的魅力。

(二) 社区参与促进文化教育的实践与体验

文化传承不仅仅是知识的传递，更是一种情感的体验和精神的传承。社区参与为文化教育提供了实践与体验的平台，让学生在亲身参与中深化对文化的理解和认同[1]。

通过参与社区的文化活动，如传统节日庆典、民俗文化展演等，学生可以深入了解文化的内涵和价值，感受文化的独特魅力。同时，学生还可以积极参与到文化活动的筹备和组织中，通过亲身实践来体验文化的传承和创新[2]。这种实践与体验相结合的方式，不仅有助于提升学生的文化素养，还能够培养学生的创新精神和团队协作能力。

(三) 社区参与推动学校教育与家庭、社会的文化联动

在文化传承的过程中，学校、家庭和社会是密不可分的 3 个环节。社区参与能够推动这 3 个环节之间的文化联动，形成文化传承的合力。

通过社区参与，学校可以与家庭建立更加紧密的联系，共同关注孩子的文化教育。家长可以参与到学校的文化活动中来，与孩子一起感受文化的魅力，共同传承和弘扬民族文化。同时，学校还可以与社区组织合作，共同开展文化教育活动，吸引更多的社会资源和力量参与到文化传承中来。这种文化联动的方式，不仅能够提升文化教育的效果，还能够增强社区的文化凝聚力和向心力。

(四) 社区参与有助于培养具有高度文化自信的学生

文化自信是一个国家和民族发展的重要支撑。通过社区参与，学生可

---

[1] 陈罡. 职业教育与青少年传统文化教育的结合方式探讨 [C] //2020 年南国博览学术研讨会论文集. 中国环球文化出版社，华教创新 (北京) 文化传媒有限公司. 2020 年南国博览学术研讨会论文集 (二). 广东轻工职业技术学院轻化工技术学院，2024：4.
[2] 杜成筑. 促进基层群众文化工作活力竞相迸发 [J]. 剧作家，2020 (4)：141-142.

以更加深入地了解本土文化，认识其独特价值和历史地位，从而增强对本土文化的自信心和自豪感。这种文化自信不仅有助于学生形成正确的世界观、人生观和价值观，还能够激发他们为传承和发展本土文化贡献力量的热情和动力。

（五）社区参与促进文化创新与发展

文化传承并不是一成不变的，它需要不断地创新和发展才能保持生命力。社区参与为文化创新提供了广阔的空间和丰富的素材。通过社区参与，学生可以接触到更多元化的文化元素和表达方式，激发他们的创新灵感和创造力。同时，学生还可以将学到的知识和技能应用到文化创新中，推动本土文化的现代转型和发展。

（六）社区参与在文化传承中的实践案例与效果分析

为了更好地说明社区参与在教育中的文化传承的作用，可以举一些具体的实践案例。例如，某小学与当地社区合作开展了一项"非遗进校园"活动，邀请非遗传承人走进校园，为学生们展示传统技艺、讲述非遗故事。通过这次活动，学生们不仅了解了非遗文化的独特魅力，还亲手制作了非遗作品，体验了文化传承的乐趣。这种将非遗文化与学校教育相结合的方式，既丰富了教育内容，又增强了学生的文化自信和归属感。

一些城市社区建立了青少年文化活动中心或传统文化体验馆，为青少年提供了学习和体验传统文化的平台。这些中心或体验馆通常配备有专业的指导教师和丰富的文化馆藏，能为学生提供有针对性的文化教育和实践活动。通过这种方式，青少年可以在轻松愉快的氛围中感受传统文化的魅力，提高自己的文化素养和审美能力。

通过对这些实践案例的分析，可以看到社区参与在教育中的文化传承的积极作用和显著效果。它不仅能够丰富教育内容、提升教育质量，还能够促进学生的全面发展、提升社会适应能力。同时，社区参与还能够推动学校教育与家庭、社会的文化联动，形成文化传承的合力，为培养具有高度文化自信的新时代青少年打下坚实基础。

针对这些挑战，可以采取以下应对策略：①加强学校与社区之间的沟通与合作，建立长期稳定的合作关系，共同开展文化传承活动；②充分利用现代科技手段，如网络平台、数字技术等，扩大文化传承的影响力和覆盖面；③注重培养学生的主动性和创造性，鼓励他们积极参与文化传承活动，发挥自己的想象力和创造力❶。

四、家庭融合在教育中的独特价值

家庭融合有助于建立孩子的情感基础。家庭是孩子成长的摇篮，是他们情感依托的港湾。在家庭中，孩子通过与父母的互动，学会了如何表达情感、如何理解他人、如何建立亲密关系。这种情感基础是孩子在学校和社会中与人交往、建立友谊的重要基石。家庭融合的教育方式，强调家庭与学校的沟通与合作，使孩子在学校和家庭中都能感受到关爱和支持，从而建立起更加稳固的情感基础。

家庭融合有助于促进孩子的全面发展。教育不仅仅是知识的传授，更是能力的培养和素质的提升。家庭融合的教育模式，注重培养孩子的综合素质，包括品德、习惯、能力等多个方面。在家庭教育中，父母可以通过日常生活中的点滴细节，引导孩子养成良好的行为习惯和道德品质。同时，家庭融合也强调家庭与学校之间的协作，使孩子在学校中能够学到更多的知识和技能，从而实现全面发展。

家庭融合有助于增强教育的连续性和一致性。在教育过程中，家庭和学校是两个重要的教育场所。然而，由于两者在教育理念、方法等方面可

---

❶ 尚弦，张晓博，苏文汐. 红色文化融入大学生廉洁教育的路径研究［J］. 漯河职业技术学院学报，2020，19（2）：49-51.

能存在差异，容易导致孩子在两个场所之间产生困惑和矛盾。家庭融合的教育方式，强调家庭与学校之间的沟通和协调，使两者在教育目标、内容和方法上保持一致。这样，孩子无论是在家庭还是在学校，都能接受到连续、一致的教育，从而更好地理解和掌握知识，形成正确的价值观。

家庭融合还有助于培养孩子的社会适应能力。在社会中，每个人都需要与他人进行交往和合作。家庭融合的教育模式，通过让孩子在家庭和学校中参与各种活动和任务，培养他们的团队协作精神和沟通能力。同时，家庭融合也强调家庭与社区之间的联系，使孩子能够更多地接触社会、了解社会，从而更好地适应社会环境。

家庭融合在教育中还具有重要的文化传承价值。家庭是文化传承的重要载体，通过家庭教育，孩子能够了解和继承本民族的文化传统和价值观。家庭融合的教育方式，强调家庭与学校共同承担文化传承的责任，使孩子能够在学校中学习到更多的文化知识，同时，也能在家庭中感受到文化的熏陶和影响。这样，孩子不仅能够成为文化的传承者，还能够成为文化的创新者，为社会的文化繁荣作出贡献。

家庭融合在教育中的独特价值体现在多个方面，包括建立孩子的情感基础、促进孩子的全面发展、增强教育的连续性和一致性、培养孩子的社会适应能力以及传承和弘扬文化等方面。因此，应该充分认识到家庭融合在教育中的重要性，并积极推动家庭、学校和社会之间的合作与融合，共同为孩子的成长和发展创造更加良好的环境。

五、社区参与与家庭融合的实践路径

社区参与是实现家庭融合的重要途径。社区作为连接家庭与社会的桥梁，通过组织丰富多彩的活动，为家庭成员提供了相互交流、学习的平台。在社区活动中，家庭成员可以共同参与，增进彼此间的感情与了解，形成更加紧密的家庭关系。同时，社区还可以通过宣传教育理念、分享教育资源等方式，帮助家庭成员更好地理解家庭教育的重要性，掌握家庭教育的技巧与方法，从而推动家庭融合的深入发展。

家庭融合是社区参与的重要基础。家庭是孩子成长的摇篮，也是社区教育的重要延伸。在家庭融合的过程中，家庭成员共同制定教育计划、分享教育经验、解决教育问题，形成了良好的家庭教育氛围。这种氛围不仅有助于孩子的健康成长，也为社区参与提供了有力支撑[1]。家庭成员通过积极参与社区活动，将家庭教育的理念与方法传递给更多的家庭，从而推动整个社区教育水平的提高。

在实践路径上，社区参与与家庭融合需要遵循以下4个原则：

一是坚持以家庭为中心。家庭是教育的起点和终点，也是社区参与的重要对象。在推动社区参与与家庭融合的过程中，应始终坚持以家庭为中心，尊重家庭教育的主体地位，充分发挥家庭在教育中的独特作用。

二是注重互动与合作。社区参与与家庭融合需要家庭、学校、社区等多方主体的共同参与和协作。通过建立良好的互动机制，促进各方之间的信息交流、资源共享和经验互鉴，形成教育合力，共同推动家庭与社区教育的发展。

三是强化实践与体验。家庭教育和社区教育都是实践性很强的活动，需要家庭成员和社区居民通过亲身参与和体验来感受教育的力量和价值。因此，在实践路径上，应注重设计具有实践性和体验性的活动，让家庭成员和社区居民在实践中学习、在体验中成长。

四是关注个性与差异。每个家庭和孩子都有其独特性和差异性，需要因材施教、因人施教。在推动社区参与与家庭融合的过程中，应充分关注

---

[1] 叶红，王文宇. 论小学生家庭教育问题及对策[J]. 教育实践与研究（C），2023（5）：49-52.

每个家庭和孩子的实际情况和需求，提供个性化的教育支持和指导，确保每个孩子都能得到适合自己的教育。

政府和社会组织在推动社区参与与家庭融合方面也发挥着重要作用。政府可以通过制定相关政策、提供资金支持等方式为社区参与与家庭融合提供有力保障；社会组织则可以通过开展志愿服务、提供教育资源等方式为家庭提供必要的帮助和支持。

社区参与与家庭融合的实践路径是一个系统工程，需要家庭、学校、社区、政府和社会组织等多方主体的共同努力和协作。通过加强社区参与和家庭融合的实践探索，可以为孩子的成长和社区的和谐发展贡献更多力量。

六、社区参与与家庭融合的挑战与对策

尽管社区参与与家庭融合的教育模式具有诸多优势，但在实际推行过程中也面临着一些挑战。

不同家庭之间的教育理念和方式存在差异，如何协调这些差异，实现家庭教育的有效融合是一个难题。对此，学校可以通过开展家长教育、组织家庭教育经验分享等活动，帮助家长树立正确的教育理念和方法，促进家庭教育的融合。

社区资源的有限性也可能制约社区参与与家庭融合的实施。针对这一问题，政府和社会组织应加大对社区教育的投入和支持，提供更多的教育资源和平台，促进社区参与与家庭融合的深入发展。

如何确保社区参与与家庭融合的教育模式能够真正落地生根，发挥实效，也是需要思考和解决的问题。这需要学校、社区和家庭三方共同努力，形成长效机制，确保教育模式的持续性和稳定性。

社区参与与家庭融合的教育模式是一种符合现代教育理念的新型教育

模式。它强调学校、社区和家庭之间的紧密合作，共同为学生的全面发展提供支持和保障。通过实践这种教育模式，可以更好地整合资源、提升教育质量、促进学生的全面发展。虽然在实际推行过程中会面临一些挑战和困难，但只要坚持不懈地努力，相信一定能够取得显著的成效。

在未来的教育发展中，应进一步探索和完善社区参与与家庭融合的教育模式，使其更好地适应社会的变化和学生的需求。同时，也应加强对这一教育模式的研究和评估，总结经验教训，不断改进和提升教育质量，为培养更多优秀的人才做出更大的贡献。

第四章　学前教育的教学策略与方法

第一节　多元化教学资源的整合与利用

随着社会的快速发展和教育理念的不断更新，学前教育作为儿童早期教育的重要阶段，其教学方法和资源的利用也面临着新的挑战和机遇。多元化教学资源的整合与利用，成为提升学前教育质量、促进儿童全面发展的关键所在。本节将从学前教育多元化教学资源的概念、整合与利用的意义、整合与利用的现状以及优化策略等方面，进行深入的探讨和分析。

一、学前教育多元化教学资源的概念界定

学前教育多元化教学资源，是指在学前教育阶段，为达到特定的教育目标和满足儿童多样化的发展需求，所利用的一系列丰富多样、形式各异的教学材料和手段的总和。这些资源不仅涵盖了传统的教材、教具，更包括现代科技产品、自然环境、社区资源等多个层面，形成了一个立体、多维度的教育环境。

具体而言，学前教育多元化教学资源可以包括以下 4 个方面：

（1）传统的教材、教具是学前教育中最基础的教学资源，如绘本、玩具、积木等。这些资源通过直观的图像、生动的情节和丰富的色彩，吸引儿童的注意力，激发他们的学习兴趣，帮助他们建立起对世界的初步认知。

（2）现代科技产品也是学前教育中不可或缺的教学资源。随着科技的快速发展，多媒体教学、网络教育等新型教育方式逐渐普及。学前教育机构可以利用电脑、投影仪、互动白板等科技设备，为儿童提供更加丰富、生动的教学内容，让他们在游戏中学习，在探索中成长。

（3）自然环境和社会实践也是学前教育多元化教学资源的重要组成部分。学前教育机构可以组织儿童走出教室，走进大自然和社会，通过实地观察、亲身体验等方式，让儿童更加直观地了解自然和社会，培养他们的观察能力、思考能力和实践能力。

（4）家庭资源和社区资源也是学前教育中不可忽视的教学资源。家庭是儿童成长的第一课堂，家长的教育理念和方式对儿童的成长有着深远的影响。同时，社区中蕴含着丰富的教育资源，如图书馆、博物馆、公园等，这些资源可以为学前教育提供有力的支持和补充。

学前教育多元化教学资源是一个广泛而复杂的概念，它涵盖了多个层面和维度的教学材料和手段。通过有效地整合和利用这些资源，学前教育机构可以为儿童提供更加优质、全面、个性化的教育服务，促进他们的全面发展。因此，对学前教育多元化教学资源的深入研究和探索具有重要的理论和实践意义。

二、学前教育多元化教学资源整合与利用的意义

（一）提升教学质量和效果

提升教学质量和效果意味着为儿童提供更高质量的教育内容。学前教育不仅仅是知识的传授，更是对儿童情感、态度、价值观等方面的培养。因此，教学内容的选择和设计至关重要。通过整合多元化教学资源，可以为儿童提供更加丰富、生动、有趣的学习材料，使他们在学习过程中不仅能够获得知识，还能够感受到学习的乐趣。例如，利用绘本、动画等多媒

体手段，可以将抽象的概念具象化，帮助儿童更好地理解和掌握知识；通过组织户外活动、社会实践等方式，可以让儿童亲身体验和感知世界，培养他们的观察力和实践能力。

提升教学质量和效果要求教师在教学过程中更加注重儿童的个体差异和需求。每个儿童都是独一无二的，他们有着不同的兴趣爱好、学习方式和发展速度。因此，教师在教学过程中应该根据儿童的实际情况，灵活调整教学策略和方法，为他们提供个性化的教学支持。通过多元化教学资源的利用，教师可以为儿童提供多种学习路径和选择，让他们根据自己的兴趣和能力进行学习。同时，教师还可以通过观察、记录和分析儿童的学习过程，了解他们的学习特点和需求，为他们制订更加符合实际的教学计划。

提升教学质量和效果还需要加强家园合作，形成教育合力。家庭是儿童成长的第一课堂，家长的教育理念和方式对儿童的发展有着深远的影响。因此，学前教育机构应该积极与家长建立良好的沟通机制，共同关注和支持儿童的学习和发展。通过整合和利用家庭资源，可以为儿童提供更加全面、连续的教育服务。例如，教师可以与家长共同制订教育计划，让家长了解孩子在幼儿园的学习情况和进展；同时，家长也可以参与到幼儿园的教学活动中来，为孩子们提供更加丰富的学习体验。

在提升教学质量和效果的过程中，教师的专业素养和能力也是关键因素。教师需要不断更新教育观念，掌握先进的教育方法和技术，以便更好地利用多元化教学资源。同时，教师还需要具备丰富的教育实践经验，能够根据实际情况灵活调整教学策略和方法。因此，学前教育机构应该加强对教师的培训和教育，提升他们的专业素养和能力水平。

除了上述方面外，提升教学质量和效果还需要关注教学评价和反馈机制的建设。通过有效的评价和反馈机制，可以及时了解儿童的学习情况和问题，为他们提供有针对性的指导和帮助。同时，教学评价和反馈还可以帮助教师反思自己的教学过程和方法，不断改进和提升教学质量。

在整合和利用多元化教学资源以提升教学质量和效果的过程中，还需要注意以下3点：

一是要确保教学资源的适宜性和针对性。不同的儿童有不同的学习需求和特点，因此，在选择和利用教学资源时，要充分考虑儿童的实际情况，确保能够满足他们的学习需求和发展目标。

二是要注重教学资源的多样性和互补性。多元化教学资源具有不同的特点和优势，应该充分利用这些资源之间的互补性，为儿童提供更加丰富、多样的学习体验。同时，还可以通过组合和搭配不同的资源，创造出新的教学方法和手段，进一步提升教学效果。

三是要关注教学资源的更新和优化。随着科技的进步和社会的发展，新的教学资源不断涌现，需要及时关注这些新资源的发展动态，将其引入教学中来。同时，还需要对现有资源进行不断的优化和改进，使其更加符合儿童的学习特点和需求。

提升教学质量和效果是学前教育领域的重要任务，它需要充分利用多元化教学资源，关注儿童的个体差异和需求，加强家园合作，提升教师的专业素养和能力，并建立有效的评价和反馈机制。通过这些努力，可以为儿童提供更加优质、全面、个性化的教育服务，促进他们的全面发展。同时，也应该不断总结经验教训，探索更加有效的教学方法和手段，为学前教育事业的健康发展贡献自己的力量。

（二）促进儿童的全面发展

促进儿童的全面发展是学前教育的核心目标，它涵盖了儿童在认知、情感、社交和身体等多个方面的成长与发展。在多元化教学资源的支持和引导下，能够更加有效地推动儿童的全面发展，为他们未来的学习和生活奠定坚实的基础。

促进儿童的全面发展意味着全面提升他们的认知能力。学前阶段是儿童认知发展的关键时期，他们的观察力、记忆力、思维能力和想象力都在迅速发展。通过利用多元化教学资源，可以为儿童提供丰富多样的学习材料和活动，激发他们的学习兴趣和好奇心，培养他们的探究精神和解决问题的能力。例如，利用绘本、动画等视觉资源，可以帮助儿童直观地认识事物，理解世界；通过科学实验、手工制作等实践活动，可以培养儿童的动手能力和实践能力，提升他们的思维水平和创新能力。

促进儿童的全面发展需要注重培养他们的情感素质。情感是儿童发展的重要组成部分，它影响着儿童的个性形成和人际交往能力。在学前教育中，应该通过多元化教学资源，为儿童创造温馨、和谐的学习环境，让他们感受到关爱和尊重。通过情感教育的引导，可以帮助儿童建立积极健康的情感态度，培养他们的自信心、同理心和合作精神。同时，还可以通过组织音乐、舞蹈、绘画等艺术活动，让儿童在艺术的熏陶中感受美、表达美和情感，丰富他们的情感世界。

促进儿童的全面发展还需要加强对他们社交能力的培养。社交能力是儿童与他人交往、合作和沟通的重要能力，对他们的未来发展具有重要意义。在学前教育中，可以通过多元化教学资源，为儿童提供多种社交机会和场景，让他们在实践中学习和提升社交能力。例如，通过角色扮演、小组合作等活动，可以让儿童学会与他人合作、分享和协商；通过参观社区、与不同年龄段的儿童互动等方式，可以拓宽儿童的社交圈子，增强他们的社会适应能力。

促进儿童的全面发展不可忽视他们在身体方面的成长。身体是儿童发展的物质基础，健康的身体是他们进行学习和活动的保障。学前教育机构应充分利用体育器材、户外活动场地等教学资源，为儿童提供多样化的体育运动和锻炼机会。通过参与运动、游戏等，儿童可以锻炼肌肉、提高身体素质，培养自身的运动技能和协调能力。此外，良好的饮食习惯和睡眠习惯也是促进儿童身体健康发展的重要方面，学前教育机构应引导儿童养成健康的生活方式。

在促进儿童全面发展的过程中，还需关注儿童个体差异和特殊需求。每个儿童都是独特的个体，他们在发展速度和特点上存在差异。因此，在利用多元化教学资源时，教师应根据儿童的个体差异制订个性化的教育方案，确保每个儿童都能得到适合自己的教育资源和支持。同时，对于有特殊需求的儿童，如残障儿童或心理发展迟缓的儿童，学前教育机构应提供专门的教育资源和支持，帮助他们克服困难，实现全面发展。

为了实现儿童的全面发展，学前教育机构还需加强与家庭、社区等外部环境的联系与合作。家庭是儿童成长的第一课堂，家长的教育理念和方式对儿童的发展具有重要影响。学前教育机构应与家长保持密切沟通，共同关注儿童的发展需求，共同制订教育计划。此外，社区也是重要的教育资源库，学前教育机构可以充分利用社区资源，如图书馆、博物馆、公园等，为儿童提供丰富的学习体验和实践机会。

促进儿童的全面发展是一个复杂而重要的任务，它需要充分利用多元化教学资源，关注儿童在认知、情感、社交和身体等多个方面的成长需求。通过提供丰富多样的学习材料和活动，为儿童创造温馨和谐的学习环境，加强家园合作与社区联系，可以有效地推动儿童的全面发展，为他们的未来奠定坚实的基础。同时，也需要不断关注和研究儿童发展的最新理念和实践经验，以更好地满足儿童的发展需求，推动学前教育事业的进步和发展。

在促进儿童全面发展的过程中，教师扮演着至关重要的角色。他们需要不断学习和更新教育理念，掌握先进的教育方法和技术，以更好地利用多元化教学资源，为儿童提供个性化的教育服务。同时，教师还需要具备敏锐的观察力和分析能力，能够及时发现儿童发展中的问题和需求，为他们提供有针对性的指导和帮助。

此外，还需要关注儿童全面发展的可持续性。学前教育只是儿童发展过程中的一个阶段，需要为他们的长远发展打下坚实的基础。因此，在利用多元化教学资源时，不仅要关注儿童当前的发展需求，还要预见他们未来的发展方向和潜力，为他们提供具有前瞻性和可持续性的教育支持。

促进儿童的全面发展是学前教育的重要任务和目标。通过充分利用多元化教学资源，关注儿童的个体差异和需求，加强家园合作与社区联系，以及提升教师的专业素养和能力，可以为儿童提供一个全面、丰富、个性化的学习环境，促进他们在认知、情感、社交和身体等多个方面的全面发展。同时，还需要关注儿童发展的可持续性和未来潜力，为他们未来的学习和生活奠定坚实的基础。

三、学前教育多元化教学资源整合与利用的现状分析

尽管多元化教学资源的整合与利用在学前教育中具有重要意义，但在当前的实际应用中仍存在一些问题。

（一）教师资源整合能力不足

学前教育教师资源整合能力不足是一个需要引起广泛关注的问题。在现代社会，学前教育作为儿童成长的关键阶段，其重要性日益凸显。然而，学前教育教师在资源整合方面所表现出的不足，不仅制约了教育教学的效果，也影响了儿童的全面发展。

（1）学前教育教师资源整合能力不足体现在对资源多样性和变化性的认识不足。随着教育理念的不断更新和教育技术的快速发展，学前教育资源的形式和内容也在不断变化。然而，部分教师由于缺乏对新兴资源的了

解和研究，难以将这些资源有效地整合到教育教学中。他们往往局限于传统的教材和教具，缺乏创新性和灵活性，无法充分满足儿童多样化的学习需求。

（2）学前教育教师在资源整合过程中缺乏科学的方法和策略。资源整合不仅仅是简单地收集和堆砌各种资源，而是需要根据教育目标和儿童的发展特点，进行有针对性的选择和组合。然而，一些教师在资源整合时缺乏系统的思考和规划，往往只是随意地挑选一些资源，没有充分考虑资源的适用性和教育价值。这样的资源整合方式不仅效率低下，而且难以达到预期的教育效果。

（3）学前教育教师在资源整合方面还面临着技术和能力上的挑战。随着信息技术的发展，数字化资源在学前教育中的应用越来越广泛。然而，一些教师由于缺乏信息技术知识和操作能力，难以有效地利用这些资源。他们可能不知道如何搜索和筛选合适的数字化资源，或者不知道如何将这些资源与教育教学内容相结合。这种技术和能力上的不足限制了教师在资源整合方面的发挥。

针对学前教育教师资源整合能力不足的问题，可以从以下 4 个方面进行改进和提升：

（1）加强教师的资源整合意识和能力培训。教育机构应该定期组织教师进行资源整合方面的培训和学习，帮助他们了解最新的教育理念和资源形式，掌握科学的资源整合方法和策略。同时，鼓励教师积极参与资源整合的实践和研究，不断积累经验和提升能力。

（2）建立有效的资源共享和交流机制。教育机构可以建立资源共享平台，为教师提供丰富的教学资源选择。同时，鼓励教师之间进行资源共享和交流，分享优秀的资源整合案例和经验，形成良好的学习氛围和合作机制。

(3) 提升教师的信息技术应用能力。教育机构应该加强对教师的信息技术培训，帮助他们掌握基本的计算机操作和网络搜索技能。同时，鼓励教师利用信息技术手段进行资源整合和创新教学，提高教学效果和质量。

(4) 关注教师的专业成长和学习动力。教育机构应该为教师提供足够的成长空间和学习机会，鼓励他们不断学习和探索新的教学方法和资源。同时，建立合理的评价和激励机制，对在资源整合方面表现突出的教师进行表彰和奖励，激发他们的工作热情和创造力。

学前教育教师资源整合能力不足是一个需要引起重视的问题。通过加强教师的资源整合意识和能力培训、建立有效的资源共享和交流机制、提升教师的信息技术应用能力以及关注教师的专业成长和学习动力等措施，可以逐步改善这一状况，提升学前教育的质量和效果。同时，也需要认识到，提升教师的资源整合能力是一个长期而持续的过程，需要全社会的共同努力和支持。只有这样，才能为儿童的全面发展提供更为优质的教育资源和教学环境。

学前教育教师资源整合能力的提升并非一蹴而就，而是一个需要逐步推进的过程。在这个过程中，需要保持耐心和信心，给予教师足够的时间和空间去学习和成长。同时，也需要关注不同教师的个体差异和需求，为他们提供个性化的支持和帮助。只有这样，才能确保每一位教师都能够充分发挥自己的潜力，为学前教育的发展贡献自己的力量。

(二) 家园合作不够紧密

学前教育家园合作不够紧密是一个值得深思的问题。在现代社会，家庭与学校是孩子成长的两大重要环境，两者之间的合作对于孩子的全面发展具有至关重要的作用。然而，目前学前教育中家园合作的情况却并不理想，存在着诸多不够紧密的现象，这不仅影响了孩子的受教育质量，也制约了学前教育的进一步发展。

家园合作不够紧密体现在家长与学校之间的沟通与互动不足。很多情况下，家长与学校之间的交流仅限于定期的家长会或是一些必要的通知与反馈，缺乏深入的交流和合作。这导致家长对学校的教育理念、教学方法和课程设置了解不足，难以在家中有效地配合学校的教育工作。同时，学校也缺乏对家长教育需求的了解和关注，难以为家长提供有针对性的支持和帮助。这种缺乏深度互动和有效沟通的情况，使得家园合作难以形成真正的合力，难以共同促进孩子的成长。

家园合作不够紧密还体现在双方在教育理念和目标上存在差异。每个家庭都有自己独特的教育理念和期望，而学校也有其统一的教育目标和要求。然而，由于双方缺乏有效的沟通和协调，这些差异往往难以得到妥善的处理和解决。这导致在教育实践中，家长和学校可能会出现一些分歧和矛盾，影响了教育效果的一致性和连贯性。同时，这种差异也可能导致孩子在家庭和学校之间感受到不同的教育氛围和要求，对他们的心理发展和行为养成产生不良影响。

家园合作不够紧密还受到一些实际因素的影响。比如，家长的时间和精力有限，难以投入过多的时间和精力参与学校的教育活动；学校的资源和条件有限，难以满足所有家长的需求和期望；社会对于学前教育的重视程度和投入力度不足，也制约了家园合作的深入发展。这些因素相互交织、相互影响，使得家园合作难以达到理想的状态。

针对学前教育家园合作不够紧密的问题，可以从以下4个方面进行改进和加强：

（1）加强家长与学校之间的沟通与互动。学校应该建立有效的沟通机制，如定期举办家长会、家长座谈会等活动，为家长提供了解学校工作的机会和平台。同时，教师也应该主动与家长保持联系，及时反馈孩子的学习和成长情况，听取家长的意见和建议，共同商讨教育策略和方法。

（2）促进家长和学校在教育理念和目标上达成共识。学校可以通过举办讲座、研讨会等活动，向家长介绍学校的教育理念和教育目标，引导家长形成正确的教育观念和态度。同时，家长也应该积极参与学校的教育活动，了解学校的教育工作，与学校共同协商制订教育计划和目标。

（3）探索更多形式的家园合作方式。比如，开展亲子活动、家庭访问等活动，增强家长和孩子之间的亲子关系，促进家庭教育的深入开展；建立家长志愿者队伍，让家长参与学校的日常管理和教育活动，增强家长对学校的归属感和责任感；利用现代信息技术手段，如建立家长微信群、学校网站等，方便家长随时了解学校动态和孩子的学习情况，提高家园合作的效率和便捷性。

（4）加大社会对学前教育的重视程度和投入力度。政府应该加大对学前教育的投入和支持力度，提高学前教育的普及率和质量水平；媒体和社会各界也应该积极宣传学前教育的重要性和价值，提高公众对学前教育的认识和关注度。

学前教育家园合作不够紧密是一个复杂而严峻的问题，需要共同努力去解决和改进。通过加强家长与学校之间的沟通与互动、促进双方在教育理念和目标上的共识、探索更多形式的家园合作方式以及加强社会对学前教育的重视程度和投入力度等措施，可以逐步改善这一状况，为孩子提供更好的成长环境和教育资源。

四、学前教育多元化教学资源整合与利用的优化策略

针对当前学前教育多元化教学资源整合与利用中存在的问题，可以从以下几个方面进行优化。

（一）拓展资源获取渠道

学前教育作为孩子成长的重要阶段，对其未来的学习与发展具有深远

影响。随着教育理念的不断更新和教学方法的持续创新，多元化教学已成为学前教育领域的重要趋势。而要实现多元化教学，拓展资源获取渠道则显得尤为重要。

多元化教学强调在教学过程中采用多种教学方法和手段，以满足不同孩子的个性化需求，促进他们的全面发展。然而，传统的资源获取渠道往往较为单一，难以支撑多元化教学的实施。因此，拓展资源获取渠道成为实现学前教育多元化教学的关键所在。

在拓展资源获取渠道方面，学前教育机构可以采取多种策略。随着信息技术的快速发展，互联网已经成为获取各种资源的重要途径。学前教育机构可以通过搜索引擎、在线教育平台等渠道，获取丰富的教学资料、教学视频、课件等资源，为多元化教学提供有力支持。同时，互联网资源具有更新迅速、内容丰富的特点，可以使学前教育机构随时获取最新的教育理念和教学方法，保持与时俱进。

学前教育机构可以积极与其他教育机构、社区、企业等建立合作关系，实现资源共享。通过合作，学前教育机构可以获得更多的实践机会、教育资源和专业指导，为多元化教学提供更多的可能性。例如，与小学、中学等合作，开展幼小衔接课程和活动；与社区合作，开展亲子活动、社会实践等；与企业合作，引入职业体验、实践课程等。这些合作不仅可以丰富教学内容和形式，还可以帮助孩子更好地了解社会、开阔视野。

学前教育机构还可以鼓励教师参与各类培训和学习，提升自身专业素养和技能水平。教师是多元化教学的实施者，他们的专业素养和技能水平直接影响到教学的质量和效果。因此，学前教育机构应该为教师提供多种培训和学习机会，如参加教育培训班、研讨会、学术交流活动等，使教师不断更新教育观念、掌握新的教学方法和手段，为多元化教学提供有力的人才保障。

在拓展资源获取渠道的过程中，学前教育机构还要注重资源的筛选和整合。互联网资源丰富多样，但并非所有资源都适用于学前教育。因此，学前教育机构需要对获取的资源进行严格的筛选和评估，确保其符合教育目标、儿童发展特点以及教学需求。同时，学前教育机构还需要对资源进行有效的整合，将不同来源、不同形式的资源进行有效组合，形成具有特色的教学资源库，为多元化教学提供有力的支撑。

拓展资源获取渠道是实现学前教育多元化教学的重要途径。学前教育机构应该充分利用互联网资源、加强与其他机构的合作、提升教师素养和技能水平，并积极进行资源的筛选和整合，为多元化教学提供丰富、优质的教育资源。通过这些努力，可以为孩子们创造一个更加丰富多彩、充满乐趣的学习环境，促进他们的全面发展。

（二）提升教师资源整合能力

随着教育理念的不断更新和教学方法的持续创新，学前教育领域正经历着一场深刻的变革。其中，多元化教学以其独特的优势，逐渐成为推动学前教育发展的重要动力。而要实现多元化教学的有效实施，提升教师的资源整合能力则显得尤为重要。

需要明确学前教育多元化教学的内涵。多元化教学强调在教学过程中，根据孩子的个体差异和兴趣特点，采用多种教学方法和手段，以满足他们的不同需求。这种教学模式打破了传统单一的教学方式，注重培养孩子的创造力、合作精神和实践能力，有助于促进他们的全面发展。

多元化教学的实施并非易事，它需要教师具备较高的资源整合能力。资源整合能力是指教师在教学过程中，能够根据不同的教学目标和内容，有效地搜集、筛选、整合和利用各种教学资源，以提高教学效果和质量。在学前教育阶段，孩子的身心发展处于关键时期，他们的学习方式和兴趣点也各不相同。因此，教师需要具备敏锐的观察力和判断力，能够及时发现和把握孩子的学习需求，从而有针对性地整合教学资源。

如何提升教师的资源整合能力呢？

一是教师应该树立终身学习的观念，不断更新自己的教育理念和教学方法。通过积极参加各种教育培训、研讨会等活动，了解最新的教育动态和研究成果，掌握更多的教学资源和手段。

二是教师还应该关注孩子的身心发展特点和学习需求，以孩子为中心，设计符合他们特点的教学活动。

教师应该注重教学资源的筛选和整合。在互联网时代，教学资源丰富多样，但并非所有资源都适用于学前教育。因此，教师需要对获取的资源进行严格的筛选和评估，确保其符合教育目标、孩子的发展特点以及教学需求。

教师还可以通过与其他教师、家长、社区等的合作，共同开发和利用教学资源。通过合作，不仅可以共享资源、减轻教师的负担，还可以拓展教学的内容和形式，使教学更加贴近孩子的生活实际。同时，合作还可以促进教师之间的交流和学习，提升他们的专业素养和资源整合能力。

学校和教育机构也应该为教师提供必要的支持和保障。例如，可以建立教学资源共享平台，为教师提供丰富的教学资源；可以定期组织教学资源整合能力培训活动，帮助教师提升资源整合能力；还可以建立激励机制，鼓励教师在实践中不断探索和创新教学资源整合的方法和手段。

学前教育多元化教学对于提升教师的资源整合能力具有重要意义。通过树立终身学习的理念、注重教学资源的筛选和整合、加强合作与交流以及获得学校和机构的支持等措施，可以不断提升教师的资源整合能力，为多元化教学的有效实施提供有力保障。这样，不仅能够为孩子们创造一个更加丰富多彩、充满乐趣的学习环境，还能够促进他们的全面发展，为其未来的学习和生活奠定坚实的基础。

（三）制订科学的教学计划和方案

在学前教育领域，多元化教学已成为推动教育质量提升的重要策略。要实现多元化教学的有效实施，制订科学的教学计划和方案显得尤为关键。科学的教学计划和方案不仅有助于确保教学目标的顺利实现，还能促进儿童的全面发展，提升教学质量。

制订科学的教学计划和方案需要充分考虑儿童的身心发展特点和个体差异。学前儿童正处于身心发展的关键时期，他们的认知能力、情感态度和社交技能都在快速发展。因此，教学计划和方案应针对不同年龄段儿童的特点，设置相应的教学目标和内容，确保教学的针对性和有效性。同时，由于每个儿童的发展水平和兴趣爱好都有所不同，教学计划和方案还应注重对个体差异的尊重和满足，为每个孩子提供个性化的学习体验。

科学的教学计划和方案需要注重多元化教学方法和手段的运用。多元化教学强调采用多种教学方法和手段，以满足儿童的不同学习需求。在制订教学计划和方案时，教师应充分考虑不同教学方法的特点和适用范围，结合具体的教学目标和内容，选择适合的教学方法。例如，可以通过游戏化教学、情景模拟、实践操作等方式，激发儿童的学习兴趣，提高他们的参与度。同时，教师还可以利用多媒体技术、网络资源等现代教学手段，丰富教学内容和形式，提升教学效果。

制订科学的教学计划和方案还需要关注课程资源的整合和优化。课程资源是实施多元化教学的基础和保障。在制订教学计划和方案时，教师应充分利用各种课程资源，包括教材、教具、图书、网络资源等，确保教学的丰富性和多样性。同时，教师还应注重课程资源的优化和整合，将不同来源、不同形式的资源进行有效组合，形成具有特色的课程体系，为儿童的全面发展提供有力支持。

科学的教学计划和方案需要注重评价与反馈机制的建立。评价是检验教学效果的重要手段，也是调整和优化教学计划的重要依据[1]。在制订教学计划和方案时，教师应设定明确的评价标准和指标，定期对儿童的学习情况进行评估和分析，了解他们的学习进展和存在的问题。同时，教师还应建立有效的反馈机制，及时将评价结果反馈给家长和儿童，为他们提供有针对性的指导和建议，促进儿童的学习和发展。

制订科学的教学计划和方案是实施学前教育多元化教学的关键所在。通过充分考虑儿童的身心发展特点和个体差异、注重多元化教学方法和手段的运用、关注课程资源的整合和优化以及建立评价与反馈机制等措施，可以制订出更加符合儿童发展需求、更加科学有效的教学计划和方案。这将有助于提升学前教育的质量和水平，为儿童的全面发展奠定坚实的基础。因此，应该高度重视教学计划和方案的制订工作，不断探索和实践更加科学有效的教学方法和手段，为学前儿童的健康成长贡献智慧和力量。

（四）创新教学方法和手段

随着教育理念的不断更新和学前教育领域的深入发展，多元化教学已成为推动学前教育质量提升的重要动力。在多元化教学的背景下，创新教学方法和手段显得尤为重要。通过创新，可以为学前儿童提供更加丰富多彩、富有挑战性的学习体验，促进他们的全面发展。

创新教学方法是实现学前教育多元化教学的关键。传统的教学方法往往以教师为中心，注重知识的灌输和技能的训练，而忽视了儿童的主体地位和个性差异。因此，需要打破这一模式，探索更加符合儿童发展规律和学习特点的教学方法。例如，可以采用项目式学习，通过让儿童参与实际问题的解决过程，培养他们的探究精神和合作能力；还可以引入游戏化教

---

[1] 陈明来. 小组合作背景下高中物理探究课堂的构建［J］. 学周刊，2021（5）：39-40.

学，利用游戏的趣味性和竞争性，激发儿童的学习兴趣和积极性。这些创新的教学方法不仅能够提升教学效果，还能够让儿童在轻松愉快的氛围中学习和成长。

创新教学手段也是实现学前教育多元化教学的重要途径。随着科技的快速发展，现代教学手段为学前教育提供了更多的可能性。可以利用多媒体技术，将文字、图片、音频、视频等多种信息形式融合在一起，为儿童呈现更加生动、形象的教学内容；还可以利用网络资源，为儿童提供更加丰富的学习资源和互动平台。此外，一些新兴的教学工具，如智能教具、虚拟现实技术等，也为学前教育带来了前所未有的教学体验。这些创新的教学手段不仅能够提升教学质量，还能够让儿童在学习过程中体验到科技的魅力。

创新教学方法和手段并不意味着完全摒弃传统的教学方式。传统的教学方式中也有很多值得借鉴和发扬的优点，如注重基础知识的夯实、强调师生之间的情感交流等。因此，在创新的过程中，需要结合实际情况，灵活运用各种教学方法和手段，形成具有特色的教学风格。

创新教学方法和手段还需要注重教师的专业素养和能力提升。教师是教学的主体，他们的专业素养和能力水平直接影响到教学的质量和效果。因此，需要加强对教师的培训和指导，提升他们的创新意识和实践能力，使他们能够更好地适应多元化教学的需求。

创新教学方法和手段还需要关注儿童的个体差异和兴趣爱好。每个儿童都是独一无二的，他们的发展水平和兴趣爱好各不相同。因此，在创新教学方法和手段时，需要充分考虑儿童的个体差异，为他们提供个性化的学习体验。同时，还需要关注儿童的兴趣爱好，通过引导他们参与自己感兴趣的活动和项目，激发他们的学习动力和创造力。

创新教学方法和手段是学前教育多元化教学的重要组成部分。通过创新，可以为学前儿童提供更加丰富多彩、富有挑战性的学习体验，促进他们的全面发展。在未来的学前教育实践中，应该不断探索和实践更加科学有效的教学方法和手段，为儿童的健康成长贡献智慧和力量。

多元化教学资源的整合与利用是提升学前教育质量、促进儿童全面发展的重要途径。尽管当前在实际应用中仍存在一些问题，但通过拓展资源获取渠道、提升教师资源整合能力、加强家园合作与沟通、制订科学的教学计划和方案以及创新教学方法和手段等策略的优化，可以有效地解决这些问题，推动学前教育事业的健康发展。同时，也需要不断探索和实践，以更好地满足儿童的学习需求和兴趣，为他们的未来成长奠定坚实的基础。

在未来的学前教育实践中，应该继续关注和研究多元化教学资源的整合与利用问题，不断探索新的方法和手段，以适应时代的发展和儿童的变化。同时，也需要加强与其他领域的合作与交流，借鉴和吸收先进的教育理念和实践经验，共同推动学前教育事业的进步和发展。

第二节　情景教学与体验式学习

在学前教育领域，情景教学与体验式学习日益受到关注，成为推动儿童全面发展的重要教学策略。这两种教学方法都强调儿童在学习过程中的主体地位，注重将学习与儿童的实际生活相结合，使儿童在轻松愉快的氛围中掌握知识、提升技能❶。本节将详细探讨情景教学与体验式学习的内涵、特点及其在学前教育中的应用，以期为学前教育工作者提供有益的参考。

一、情景教学的内涵与特点

情景教学作为一种深受欢迎的教育方法，在学前教育领域中发挥着举

---

❶ 孙爱梅．珠心算教学与课题研究相互促进相得益彰［J］．珠算与珠心算，2021（6）：37-38.

足轻重的作用。其内涵深远且丰富，特点鲜明且实用，为儿童的全面发展提供了有力的支持。

情景教学的内涵体现在它对真实生活情境的模拟和重构上[1]。在教学过程中，教师不再只依赖于传统的教科书和黑板，而是通过设计各种与儿童生活紧密相连的情境，将知识、技能和情感融入具体的场景。这些情境可能是一个商店、一个公园、一个家庭，或者是一个充满奇幻色彩的童话世界。在这些情境中，儿童不再是被动的学习者，而是积极的参与者，他们需要在情境中解决问题、完成任务，从而实现对知识的理解和运用。

情景教学强调儿童的主体地位和情感体验。在教学过程中，教师尊重儿童的个性差异和兴趣爱好，鼓励他们根据自己的理解和感受去体验情境、表达情感。这种教学方式不仅有助于激发儿童的学习兴趣和积极性，还能让他们在体验中感受到学习的乐趣和成就感。同时，情景教学还注重培养儿童的合作精神和社交能力，通过小组合作、角色扮演等方式，让儿童在互动中学会沟通、分享和合作。

情景教学的特点主要体现在以下 4 个方面（图 4-1）：

第一，生活性。情景教学紧密结合儿童的生活实际，将学习内容与儿童的生活经验相结合，使儿童在熟悉的环境中学习，更容易理解和掌握知识。这种教学方式不仅有助于提升儿童的学习效果，还能让他们更好地将所学知识运用到实际生活中。

第二，情境化。通过设置真实的或模拟的情境，让儿童在情境中感受、体验、探究，从而加深对知识的理解和运用。这种情境化的教学方式有助于激发儿童的想象力和创造力，让他们在情境中自由发挥、大胆尝试。

---

[1] 龚海东. 构建小学数学"智慧课堂"的途径探讨 [J]. 学周刊, 2020 (29): 87-88.

第三，实践性。情景教学强调儿童的实践操作和亲身体验，通过动手实践、观察思考等方式，培养儿童的实践能力和创新精神。这种教学方式有助于让儿童在实践中学习和成长，提升他们的综合素质。

第四，互动性。在情景教学中，师生之间、学生之间的互动频繁且深入，通过合作、交流、分享等方式，促进儿童之间的合作精神和社交技能的发展。这种互动性的教学方式有助于营造良好的学习氛围，让儿童在轻松愉快的氛围中学习。

情景教学以其独特的内涵和特点，为学前教育领域注入了新的活力。它不仅有助于提升儿童的学习兴趣和积极性，还能培养他们的实践能力、创新精神、合作精神和社交能力。因此，应该充分认识和利用情景教学的优势，将其广泛应用于学前教育实践中，为儿童的全面发展提供有力的支持。同时，也需要不断探索和完善情景教学的理论和方法，以适应儿童身心发展的需求和教育改革的要求。

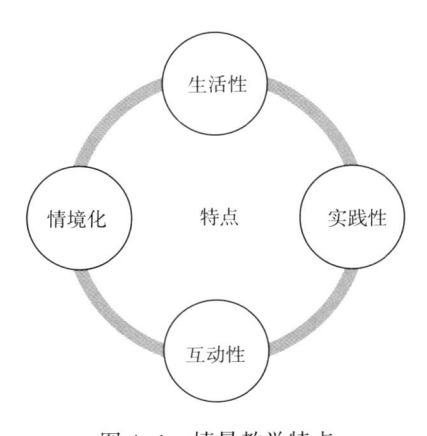

图 4-1 情景教学特点

二、体验式学习的内涵与特点

体验式学习作为一种以儿童为中心的学习方式，近年来在学前教育领域得到了广泛的关注和应用。它深深植根于儿童的心理发展特点，强调通过亲身体验来深化对知识的理解和应用，从而推动儿童的综合发展。

体验式学习倡导儿童通过亲身参与和实际操作来获取知识、技能以及情感体验。这种学习方式突破了传统教育模式中被动接受知识的局限，让儿童成为学习的主体，在主动参与和实践中实现自我发现、自我成长。在体验式学习中，儿童不再是被动的知识接受者，而是积极的探索者和创造者❶。他们通过实际操作、观察、反思等过程，将所学知识内化为自己的经验和智慧，从而实现对知识的深刻理解和应用。

具体来说，体验式学习注重以下几个方面：一是强调实践操作，让儿童通过动手做、亲身体验来获取知识；二是注重情境模拟，通过创设真实的或模拟的情境，让儿童在情境中学习、成长；三是倡导合作与交流，鼓励儿童在团队中相互学习、共同进步；四是注重反思与总结，引导儿童在体验后进行深入思考，总结经验教训，为未来的学习提供借鉴。

体验式学习的特点主要体现在以下 4 个方面（图 4-2）：

第一，主动性。在体验式学习中，儿童不再是被动地接受知识，而是主动地参与学习过程，通过自己的努力来探索、发现和解决问题。这种主动性不仅有助于激发儿童的学习兴趣，还能培养他们的自主学习能力和创新精神。

第二，实践性。体验式学习强调儿童通过亲身实践来获取知识和技能，这种实践过程有助于加深儿童对知识的理解和记忆，也能提升他们的实际操作能力和解决问题的能力。

第三，反思性。在体验式学习中，反思是一个重要环节。儿童在亲身体验后需要进行深入的反思和总结，分析自己在实践过程中的得失和经验

---

❶ 潘玉霞. 体验式学习在数学教学中的有效应用探讨［J］. 成才之路，2022（28）：121-124.

教训，从而实现对知识的深化理解和应用。这种反思过程有助于培养儿童的批判性思维能力和自我提升意识。

第四，合作性。在体验式学习中，儿童往往需要与他人合作完成任务、解决问题。这种合作过程有助于培养儿童的团队协作精神和沟通能力，也能让他们学会倾听他人意见、尊重他人观点。

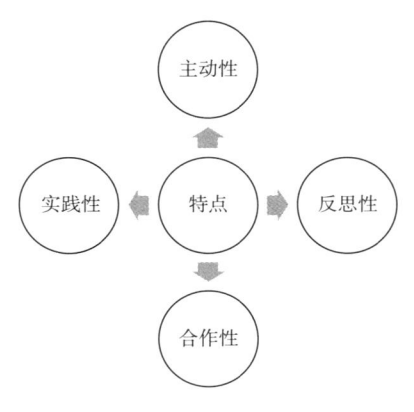

图 4-2　体验式学习特点

体验式学习以其独特的内涵和特点为学前教育领域注入了新的活力。它让儿童在亲身体验中感受到学习的乐趣和价值，激发他们的学习兴趣和积极性。同时，体验式学习也有助于培养儿童的实践操作能力、反思总结能力以及团队合作精神，为他们的全面发展奠定坚实的基础。因此，应该充分重视体验式学习在学前教育中的应用，为儿童提供更加丰富多彩、富有挑战性的学习体验。

三、情景教学与体验式学习在学前教育中的应用

（一）情景教学在学前教育中的应用

情景教学作为一种富有创新性的教学方法，在学前教育中发挥着举足轻重的作用。它巧妙地融合了儿童的生活经验和认知特点，通过模拟真实

或创设有趣的情境，让儿童在轻松愉快的氛围中学习、探索和成长[1]。在学前教育中，情景教学的应用不仅丰富了教学手段，更有助于儿童的全面发展。

情景教学在语言教育中的应用尤为突出。学前教育阶段是儿童语言发展的关键时期，情景教学为儿童提供了丰富的语言学习环境。教师可以通过设置商店购物、餐厅用餐、动物园游览等情境，让儿童在模拟的情境中学习并运用语言。儿童在这些模拟情境中扮演不同的角色，并进行对话和交流，从而提升他们的语言表达能力和社交技能。同时，情景教学还能激发儿童的学习兴趣，让他们在快乐中学习，提高学习效果。

情景教学在数学教育中也有着广泛的应用。数学是一门抽象的学科，对于学前儿童来说，理解起来可能存在一定的难度。然而，通过情景教学，教师可以将抽象的数学概念融入具体的情境中，使儿童在直观的感受中理解数学。例如，教师可以设置超市购物、时间管理等情境，让儿童在模拟的情境中学习加减法、认识时间等数学知识。这种教学方式不仅有助于儿童掌握数学知识，还能培养他们的逻辑思维能力和解决问题的能力。

情景教学在社会性发展方面也具有重要作用。学前教育阶段是儿童社会性发展的关键时期，他们需要学会与他人合作、分享、尊重等社交技能。情景教学通过模拟社会生活的各种场景，让儿童在情境中体验并学习社交规则和行为规范。例如，教师可以设置交通规则、公共场所礼仪等情境，让儿童在模拟的情境中学习如何遵守规则、尊重他人。这种教学方式有助于培养儿童的社会责任感和公民意识，为他们未来的社会生活打下良好的基础。

情景教学在学前教育中的应用还体现在激发儿童创造力和想象力方

---

[1] 赵嘉晶. 论科学游戏在学前教育中的实践应用［J］. 科普童话，2019（24）：141.

面。通过创设富有想象力的情境，教师可以引导儿童展开丰富的联想和想象，培养他们的创新思维。例如，教师可以设置童话世界、未来城市等情境，让儿童在想象中探索未知的世界，激发他们的创造力和探索精神。

情景教学也注重儿童的情感体验。在模拟的情境中，儿童可以体验到成功的喜悦、失败的挫折以及与他人合作的快乐等情感。这种情感体验有助于培养儿童的情感表达能力和情感调节能力，促进他们的情感发展。

情景教学在学前教育中的应用也需要注意一些问题。首先，教师需要充分了解儿童的认知特点和兴趣需求，设计符合他们发展水平的情境。其次，教师需要关注儿童在情境中的表现和反应，及时给予指导和支持。最后，教师还需要与其他教育手段相结合，形成多元化的教学模式，以更好地促进儿童的全面发展。

情景教学在学前教育中的应用具有广泛而深远的意义。它不仅丰富了教学手段，提高了教学效果，还有助于培养儿童的各项能力和素质。因此，应该进一步推广和应用情景教学方法，为学前教育事业的发展贡献更多的力量。

（二）体验式学习在学前教育中的应用

在学前教育领域中，体验式学习作为一种新型的教育方法，正逐渐受到越来越多教育工作者的关注和青睐。它强调儿童通过亲身参与和实际操作来获取知识和技能，从而在体验中实现自我成长和发展。体验式学习不仅符合儿童的心理发展特点，还能有效激发他们的学习兴趣和积极性，为他们的全面发展奠定坚实的基础。

体验式学习在学前教育中的应用有助于培养儿童的实践能力和创新精神[1]。在传统的教育模式下，儿童往往被动接受知识，缺乏实际操作和亲

---

[1] 高松巍. 高中体育教学中学生创新素质的培养对策分析［J］. 考试周刊，2020（28）：120-121.

身体验的机会。而体验式学习则打破了这一局限,让儿童在亲身参与中学习和成长。例如,在自然科学领域的学习中,教师可以通过组织儿童进行种植实验、观察动植物等实践活动,让儿童亲手操作、亲自观察,从而培养他们的实践能力和创新精神。

体验式学习有助于增强儿童的情感体验和社交能力。在体验式学习中,儿童往往需要与他人合作完成任务和解决问题。这种合作过程不仅有助于培养儿童的团队协作精神,还能让他们学会如何与他人有效沟通、分享和倾听。同时,体验式学习中的情境模拟和角色扮演等活动,也能让儿童在体验中感受到不同的情感变化,从而增强他们的情感表达能力和情感认知能力。

体验式学习还能有效激发儿童的学习兴趣和主动性。在体验式学习中,儿童是学习的主体,他们可以根据自己的兴趣和需求选择适合自己的学习内容和学习方法。这种学习方式不仅有助于满足儿童的个性化学习需求,还能让他们在主动探索中发现学习的乐趣和价值。同时,体验式学习中的实践操作和亲身体验也能让儿童更加直观地感受知识的魅力,从而激发他们的学习热情。

体验式学习在学前教育中的应用也需要注意一些问题。首先,教师需要根据儿童的年龄特点和认知发展水平设计适合的体验活动,确保活动的安全性和有效性。其次,教师需要关注儿童在体验过程中的表现和反应,及时给予指导和支持,帮助他们解决遇到的问题和困惑。此外,教师还需要与家长保持良好的沟通和合作,共同为儿童创造一个良好的体验式学习环境。

在实施体验式学习的过程中,教师还可以结合多种教育资源和手段,如利用多媒体技术创设丰富的情境、提供多样化的学习材料、组织丰富多彩的实践活动等,以丰富儿童的学习体验,提高学习效果。同时,教师还需要关注儿童在体验式学习中的个体差异，尊重他们的兴趣和选择，鼓励他们在学习中发挥自己的特长和优势。

体验式学习在学前教育中的应用具有重要的意义和价值。它不仅能够培养儿童的实践能力和创新精神，增强他们的情感体验和社交能力，还能有效激发儿童的学习兴趣和主动性。因此，应该积极探索和实践体验式学习在学前教育中的应用，为儿童的全面发展提供有力的支持。

四、情景教学与体验式学习在学前教育中的优势与挑战

在学前教育领域中，情景教学与体验式学习作为两种先进的教学方法，正逐渐受到广大教育工作者的青睐。它们强调儿童在真实或模拟的情境中通过亲身参与和实际操作来学习知识、提升技能，为儿童的全面发展提供了有力的支持。然而，任何一种教学方法都有其优势和挑战，情景教学与体验式学习也不例外。

情景教学与体验式学习在学前教育中的优势如下：

情景教学通过模拟真实生活场景，让儿童在熟悉的情境中学习，从而更容易理解和掌握知识。这种教学方式有助于激发儿童的学习兴趣，让他们在轻松愉快的氛围中积极探索、主动学习。同时，情景教学还能培养儿童的实践能力、创新思维和合作精神，让他们在解决问题的过程中不断提升自我。

体验式学习则强调儿童通过亲身体验来获取知识和技能，从而加深对学习内容的理解和应用。在体验式学习中，儿童是学习的主体，他们需要主动参与、积极探究，从而实现对知识的内化。这种学习方式有助于培养儿童的自主学习能力、批判性思维以及情感态度和价值观，为他们的未来发展奠定坚实的基础。

情景教学与体验式学习在学前教育中也面临着一些挑战。

实施情景教学与体验式学习需要教师具备较高的专业素养和教育技能。教师需要充分了解儿童的认知特点和兴趣需求，设计符合他们发展水平的情境和体验活动。同时，教师还需要具备丰富的教育资源和手段，以支持儿童在情境中进行有效的学习。然而，目前学前教育师资水平参差不齐，部分教师可能难以胜任这一任务。

情景教学与体验式学习对幼儿园的教学环境和设施提出了更高的要求。为了实施这两种教学方法，幼儿园需要提供宽敞的活动空间、丰富的教学材料以及安全舒适的学习环境。然而，在一些地区，由于经济条件限制，幼儿园的硬件设施可能无法满足这些要求，从而制约了情景教学与体验式学习的实施。

情景教学与体验式学习也需要家长的理解和支持。家长需要认识到这两种教学方法的价值和意义，积极配合教师的工作，为儿童创造一个良好的学习氛围。然而，在现实生活中，部分家长可能更关注儿童的学习成绩和知识技能，对情景教学与体验式学习持怀疑态度，这也在一定程度上影响了这两种教学方法的推广和应用。

为了克服这些挑战，需要采取一系列措施。首先，要加强对学前教育教师的培训和教育，提高他们的专业素养和教育技能，使他们能够更好地实施情景教学与体验式学习。其次，加大对幼儿园教学环境和设施的投入，改善幼儿园的办学条件，为儿童提供一个更好的学习环境。最后，加强与家长的沟通和交流，让他们了解情景教学与体验式学习的优势和价值，争取他们的理解和支持。

情景教学与体验式学习在学前教育中具有显著的优势，但也面临着一些挑战。需要正视这些挑战，积极采取措施加以克服，以更好地发挥这两种教学方法的作用，为儿童的全面发展提供有力的支持。

第三节　科技在学前教育中的应用与创新

随着科技的迅猛发展，学前教育领域正经历着一场深刻的变革。科技的应用与创新为学前教育带来了前所未有的机遇和挑战，为儿童的全面发展提供了更加广阔的空间。本节将从科技在学前教育中的应用现状、创新实践以及面临的挑战与前景等方面进行探讨。

一、科技在学前教育中的应用现状

（一）多媒体教学资源的普及

多媒体教学资源的普及在学前教育中的现状表现为一种全面而深入的趋势，不仅丰富了学前教育的形式和内容，还极大地提升了学前教育的质量和效率。

随着信息技术的迅猛发展，多媒体教学资源的普及已经深入学前教育的各个领域。从城市到乡村，从公立幼儿园到私立早教机构，多媒体教学已经成为学前教育的常态。这种普及不仅体现在硬件设备的广泛应用上，更体现在教师对多媒体教学资源的认可和使用上。越来越多的教师开始认识到多媒体教学资源在学前教育中的重要作用，并积极将其融入日常教学中。

在学前教育中，多媒体教学资源的普及为孩子们带来了更加丰富、生动的学习体验。通过投影仪、电脑、平板等设备，教师可以展示图片、视频、音频等多种形式的教学内容，使孩子们在视觉、听觉等多个感官上得到丰富的刺激。这种多样化的教学方式不仅激发了孩子们的学习兴趣，还提高了他们的学习积极性和参与度。

多媒体教学资源的普及也为学前教育提供了更多的教学资源和手段。教师可以通过网络获取丰富的教学素材，如动画故事、儿歌、科普知识等，为孩子们创造一个更加丰富多彩的学习环境。此外，多媒体教学资源的互动性也为学前教育带来了更多的创新可能。例如，一些教学软件可以通过游戏化的方式，让孩子们在玩乐中学习，提高他们的学习效果和兴趣。

尽管多媒体教学资源的普及在学前教育中取得了显著的成效，但也存在一些问题和挑战。首先，部分地区的幼儿园由于经济条件限制，可能无法承担购买和维护多媒体教学设备的费用，导致这些地区的孩子们无法享受到多媒体教学带来的好处。其次，一些教师对多媒体教学资源的认知和应用能力有限，需要进一步加强培训和指导。最后，如何合理选择和利用多媒体教学资源，避免过度依赖和滥用，也是当前学前教育中需要解决的问题。

针对这些问题和挑战，应该采取积极的措施加以解决。首先，政府和社会应该加大对学前教育多媒体教学的投入和支持，为幼儿园提供必要的设备和资金保障。其次，加强教师培训和指导，提高他们对多媒体教学资源的认知和应用能力。同时，鼓励教师积极探索和创新多媒体教学的方式和方法，提高教学效果和质量。最后，还应该注重多媒体教学资源的筛选和整合，选择适合孩子们年龄和认知特点的资源进行利用，避免过度依赖和滥用。

多媒体教学资源的普及在学前教育中呈现出一种全面而深入的趋势。它为孩子们带来了更加丰富、生动的学习体验，也为学前教育提供了更多的教学资源和手段。然而，也应该正视其中存在的问题和挑战，并积极采取措施加以解决。相信在未来，随着技术的不断进步和教育的不断发展，多媒体教学将在学前教育中发挥更加重要的作用，为孩子们的健康成长和全面发展提供更加有力的支持。

(二) 互动式学习环境的创设

互动式学习环境的创设在学前教育中的现状表现为一种积极且充满活力的趋势。随着教育理念的不断更新和教育技术的飞速发展，学前教育领域正逐渐认识到互动式学习环境对儿童全面发展的重要性，并积极致力于创设这样一个环境[1]。

当前，学前教育机构正努力打破传统的教学模式，更加注重儿童的主体地位和主动性。互动式学习环境的创设，正是基于这样的教育理念而兴起的。这种环境强调儿童与环境的互动，以及与同伴、教师之间的互动，通过多样化的学习活动和丰富的教育资源，激发儿童的学习兴趣，培养他们的探索精神和创新能力。

在学前教育中，互动式学习环境的创设通常体现在以下几个方面：

学前教育机构在物理空间上进行了优化和改造。他们设置了各种功能区域，如阅读区、游戏区、艺术区等，每个区域都配备了相应的设备和材料，以满足儿童不同方面的学习需求。这些区域的设计往往注重色彩的搭配和布局的合理性，旨在营造一个温馨、舒适且富有启发性的学习环境。

学前教育机构注重教学资源的整合与利用。他们通过引入多媒体教学设备、智能教学系统等先进技术，为儿童提供了更加生动、直观的学习体验。同时，他们还积极开发和利用各类教育软件、游戏等数字资源，使儿童能够在玩乐中学习，提高学习效果。

此外，学前教育机构还重视师生之间的互动与沟通。他们鼓励教师采用启发式、探究式等教学方法，引导儿童主动思考、积极探索。同时，他们还通过组织亲子活动、家长会等形式，加强家长与幼儿园之间的联系与

---

[1] 叶小菁. 小学美术教学中学生核心素养的培育［J］. 亚太教育，2023（13）：43-45.

沟通，共同为儿童的成长营造良好的氛围。

尽管互动式学习环境的创设在学前教育中取得了一定的成效，但仍存在一些问题和挑战。一方面，部分地区的学前教育机构由于经济条件限制，可能无法承担创设互动式学习环境所需的设备和材料费用；另一方面，一些教师对互动式学习环境的理念和实践方法了解不足，需要进一步加强培训和指导。

针对这些问题和挑战，可以采取以下措施加以解决：

政府和社会应加大对学前教育的投入力度，为学前教育机构提供必要的经费支持❶；其次，加强对教师的培训和教育，提高他们对互动式学习环境的认知和实践能力；此外，还可以鼓励学前教育机构与高校、科研机构等合作，共同研究和开发适合儿童发展的互动式学习资源和方法。

互动式学习环境的创设在学前教育中呈现出积极的发展趋势，为儿童的全面发展提供了有力支持。然而，我们仍需关注其中存在的问题和挑战，并采取有效措施加以解决。相信在不久的将来，随着教育理念的进一步更新和教育技术的不断进步，互动式学习环境将在学前教育中发挥更加重要的作用。

（三）个性化学习方案的实施

个性化学习方案的实施在学前教育中的现状表现为一种日益受到重视并持续深化的趋势。在当前教育理念的引领下，学前教育工作者们开始更加关注每一个幼儿的独特性和差异性，试图通过实施个性化学习方案来满足他们不同的学习需求，促进他们全面而富有个性的发展。

个性化学习方案的实施在学前教育中得到了广泛认可。随着教育理念的更新和教育改革的深入，越来越多的学前教育工作者认识到每个孩子都

---

❶ 吴娜娜. 高职学前教育专业学生职业认同感现状及对策研究——以安康市J职业学院为例［J］. 知识窗（教师版），2023（9）：84-86.

是独一无二的，他们拥有不同的兴趣、特长和发展潜力。因此，为了满足孩子的个性化需求，学前教育机构开始积极推行个性化学习方案，旨在为孩子提供一个更加符合他们自身特点和需求的学习环境。

个性化学习方案的实施在学前教育中取得了显著的成效。通过个性化学习方案的实施，孩子们的学习兴趣和积极性得到了极大的提高。他们可以根据自己的兴趣和特长选择适合自己的学习内容和学习方式，从而更加主动地参与到学习过程中来。同时，个性化学习方案还能够更好地满足孩子的发展需求，促进他们在认知、情感、社交和身体等多个方面得到全面发展。

个性化学习方案的实施在学前教育中也面临着一些挑战和问题。首先，个性化学习方案的制订和实施需要教师对每个孩子都有深入地了解和观察，这需要教师具备较高的专业素养和观察力。然而，目前学前教育师资水平参差不齐，部分教师可能无法胜任这一任务。其次，个性化学习方案的实施需要大量时间和精力的投入，包括制订个性化的教学计划、准备个性化的教学材料、进行个别化的辅导等。然而，由于学前教育机构的人员配备和资源条件有限，有时难以满足个性化教育的需求。

针对这些问题和挑战，可以采取一些措施加以解决。首先，加强学前教育师资培训，提高教师的专业素养和教育理念，使他们能够更好地理解和实施个性化学习方案。其次，加大对学前教育机构的投入力度，改善教育环境和条件，为个性化学习方案的实施提供必要的支持和保障。最后，还可以加强家园合作，鼓励家长参与到孩子的个性化学习中来，共同促进孩子的全面发展。

同时，也需要认识到个性化学习方案的实施并非一蹴而就，而是需要长期的探索和实践。在实施过程中，需要不断总结经验教训，调整和完善方案，使其更加符合孩子的实际需求和发展规律。此外，还需要关注个性化学习方案与其他教育活动的融合问题，确保其在学前教育中的整体性和协调性。

个性化学习方案的实施在学前教育中呈现出积极的发展趋势，但仍面临着一些挑战和问题。需要通过加强师资培训、改善教育环境、加强家园合作等措施来推动个性化学习方案的深入实施，为孩子的全面发展提供更好的支持和保障。同时，也需要保持开放的心态和创新的精神，不断探索和实践更加符合孩子实际需求的个性化学习方案。

二、科技在学前教育中的创新实践

（一）人工智能辅助教学

学前教育在人工智能辅助教学的赋能下，正经历着一场深刻的教育变革。这一变革不仅提高了学前教育的质量和效率，更为孩子们的未来成长铺设了更加宽广的道路。

学前教育在人工智能辅助教学的推动下，实现了教育资源的优化和拓展。传统的学前教育资源往往受限于地域、师资和设施等因素，导致教育资源的分配不均和质量参差不齐。而人工智能辅助教学则打破了这一局限，通过智能化的教学平台和丰富的数字资源，为学前教育提供了更加广阔的学习空间和更加多元的学习内容。无论是城市的优质幼儿园，还是偏远地区的乡村小学，只要有网络覆盖，孩子们都能享受到高质量的教育资源。

人工智能辅助教学在学前教育中发挥了个性化教学的优势。每个孩子都是独一无二的，他们拥有不同的学习风格、兴趣爱好和发展潜力。传统的学前教育往往难以充分照顾到每个孩子的个性化需求，而人工智能辅助教学则能够通过数据分析和智能推荐，为每个孩子提供定制化的学习方案。系统可以根据孩子的学习进度、兴趣点和学习难点，智能推荐适合他们的学习内容和学习方式，从而实现真正意义上的因材施教。

学前教育在人工智能辅助教学的助力下，加强了家园共育的联动。家庭是孩子们成长的第一课堂，家长的教育观念和行为对孩子的成长有着至关重要的影响❶。然而，传统的家园沟通方式往往存在信息不畅、沟通不及时等问题。而人工智能辅助教学则可以通过智能化的沟通平台和数据分析工具，实现家长、教师和孩子之间的实时互动和信息共享。家长可以随时了解孩子的学习情况、进步和困难，与教师进行深入的交流和合作，共同为孩子的成长提供更有力的支持。

学前教育在人工智能辅助教学的影响下，也更加注重培养孩子们的创新能力和实践能力。人工智能辅助教学系统不仅提供了丰富的学习资源和学习工具，还通过智能化的教学设计和评估反馈，激发孩子们的好奇心和探索欲，鼓励他们主动思考、积极实践和创新创造。这样的教学方式不仅有助于培养孩子们的综合素质和创新能力，也为他们未来的学习和生活奠定了坚实的基础。

学前教育在人工智能辅助教学的实施过程中，也面临着一些挑战和问题。首先，技术的更新迭代速度较快，教师需要不断学习和掌握新的技术知识和技能，以适应新的教学方式和教学模式❷。其次，数据安全和隐私保护问题也需要得到充分的重视和保障，确保孩子们的个人信息和学习数据不被滥用或泄露。此外，人工智能辅助教学虽然具有很多优势，但也不能完全替代教师的角色和作用，教师需要保持对教育的热情和责任感，积极引导和促进孩子们的成长和发展。

学前教育在人工智能辅助教学的赋能下，正迎来前所未有的发展机遇和挑战。应该充分利用人工智能技术的优势，为孩子们提供更加优质、高

---

❶ 赵锴，王晶晶，蒋映涛，等.高校女生宿舍成员人际关系状况调查研究——以衡阳师范学院南岳学院为例[J].经济研究导刊，2020（11）：90-93.

❷ 梁桂珍.中职化学教学中学生应用意识的培养初探[J].现代职业教育，2021（51）：174-175.

效和个性化的教育服务，助力他们健康快乐地成长。同时，也需要关注并解决实施过程中可能出现的问题和挑战，确保人工智能辅助教学在学前教育中发挥最大的作用和价值。

（二）在线教育平台的拓展

学前教育在线教育平台的拓展，是当代教育领域中一股不可忽视的潮流。这一拓展不仅体现在平台的数量和覆盖范围上，更体现在其教育内容的丰富性、教学方法的创新性以及用户体验的持续优化等方面。

随着科技的飞速进步，学前教育在线教育平台如雨后春笋般涌现，覆盖的地域范围也越发广泛。从城市到乡村，从东部沿海到西部边陲，无论地理位置如何，只要有网络覆盖，孩子们都能通过这些平台接触到优质的学前教育资源。这种拓展使学前教育的普及程度大大提高，为更多孩子提供了接受良好学前教育的机会。

除了数量的增长，学前教育在线教育平台在内容上也在不断丰富和深化。传统的学前教育主要侧重于基础知识和技能的传授，而现代在线教育平台则更加注重孩子的全面发展。这些平台不仅提供了语言、数学、科学等基础课程，还增加了艺术、音乐、体育等多元化课程，旨在培养孩子的创造力、想象力和团队合作能力。同时，一些平台还引入了先进的教育理念和教学方法，如游戏化学习、项目式学习等，使学习过程更加有趣、高效。

教学方法的创新也是学前教育在线教育平台拓展的重要方面。传统的学前教育方式往往以教师为中心，孩子们被动地接受知识。而在线教育平台则更加注重孩子的主体地位，通过互动式教学、个性化学习等方式，激发孩子的学习兴趣和主动性。这些平台利用大数据和人工智能技术，对孩子的学习情况进行实时跟踪和分析[1]，为他们提供精准的学习建议和反馈，

---

[1] 周光玲，黄义灵，张品良．论智媒时代高校思想政治教育的路径创新［J］．学校党建与思想教育，2021（18）：24-26．

帮助他们更好地掌握知识和技能❶。

学前教育在线教育平台还在用户体验方面进行了持续优化。这些平台注重界面设计的简洁明了和操作的便捷性，使孩子们能够轻松上手。同时，平台还提供了丰富的互动功能，如在线问答、小组讨论等，让孩子们在学习过程中能够与其他孩子和教师进行交流和合作。这种互动式的学习环境不仅有助于提升孩子的学习效果，还能培养他们的社交能力和合作精神。

但是，学前教育在线教育平台的拓展也面临着一些挑战和问题。首先，如何确保平台的教育质量是一个重要的问题。由于在线教育平台的开放性和自主性较强，因此，需要建立完善的教育质量监管机制，确保平台提供的教育资源符合教育标准和要求。其次，如何保护孩子的隐私和安全也是一个需要关注的问题。在线教育平台需要加强对用户信息的保护和管理，防止信息泄露和滥用。

学前教育在线教育平台的拓展是一个充满机遇和挑战的过程。通过不断丰富教育内容、创新教学方法和优化用户体验，这些平台为孩子们提供了更加优质、便捷和个性化的学前教育服务。然而，在拓展过程中也需要关注教育质量、隐私保护等问题，确保平台的健康发展。相信在未来，随着技术的不断进步和应用的不断深化，学前教育在线教育平台将会迎来更加广阔的发展前景。

（三）　物联网技术在学前教育中的应用

物联网技术在学前教育中的应用正逐渐改变着传统教育模式，为孩子们提供一个更加智能化、个性化的学习环境。这种技术的应用不仅提高了教学质量，更在激发孩子们的学习兴趣、培养他们的创新能力方面发挥了

---

❶　边疆，曹红英，刘丽芳. 基于大数据分析的个性化教学模式分析［J］. 集成电路应用，2023，40（8）：362-363.

重要作用。

物联网技术在学前教育中的应用体现在智能教学设备的引入上。通过物联网技术，教学设备可以实现互联互通，形成一个智能化的教学系统。例如，智能黑板可以与手机、平板等设备无缝连接，实现远程教学、实时互动；智能玩具可以通过传感器和控制系统，与孩子们进行互动游戏，培养他们的动手能力和思维逻辑。这些智能教学设备的应用，使得教学更加生动、有趣，激发了孩子们的学习热情。

物联网技术为学前教育提供了更加便捷的管理方式。通过物联网技术，学校可以建立起一个全面覆盖的校园管理系统。例如，通过智能门禁系统，可以实现对校园进出的实时监控和管理；通过智能环境监测系统，可以实时了解教室内的温度、湿度、光照等环境参数，为孩子们创造一个更加舒适的学习环境。此外，物联网技术还可以应用于对学生的健康监测、食堂食品安全管理等方面，提高学校的整体管理水平。

物联网技术为学前教育提供了更加个性化的教学服务。通过物联网技术，学校可以收集和分析孩子们的学习数据，了解他们的学习特点和需求，为他们提供个性化的教学方案。例如，根据孩子们的学习进度和兴趣点，智能教学系统可以推荐适合他们的学习资源和课程；通过智能手环等设备，可以实时监测孩子们的身体状况和运动情况，为他们提供个性化的健康指导。

物联网技术还为学前教育提供了更加丰富的教育资源和创新的教育模式。通过互联网和物联网技术的结合，学校可以获取到海量的教育资源，包括优秀的教案、课件、视频等，为教师们的教学提供了更多的选择和灵感。同时，物联网技术还可以应用于创新教育模式的探索，如基于物联网技术的项目式学习、协作式学习等，这些新的教学模式有助于培养孩子们的创新能力、团队协作能力和解决问题的能力。

物联网技术在学前教育中的应用也面临着一些挑战和问题。例如，如何确保数据的安全性和隐私性、如何避免对技术的过度依赖和滥用等问题，都需要引起更多的关注和思考。因此，在应用物联网技术时，需要制定合理的管理措施和政策规范，确保技术的健康、有序发展。

物联网技术在学前教育中的应用具有广阔的前景和巨大的潜力。通过引入智能教学设备、优化学校管理方式、提供个性化教学服务以及丰富教育资源和创新教育模式等方式，物联网技术为学前教育带来了革命性的变化。同时，也需要关注并解决应用过程中出现的问题和挑战，确保物联网技术能够更好地服务于学前教育的发展。

三、科技在学前教育中面临的挑战与前景

（一）技术更新速度快，教师难以适应

科技的更新换代速度非常快，新的教育技术和工具不断涌现。然而，很多学前教育教师对于新技术的接受和掌握能力有限，很难跟上科技的步伐。他们可能缺乏相关的技术培训和指导，导致无法充分利用科技手段来改进教学。因此，如何提升教师的科技素养，使他们能够熟练使用各种教育科技工具，成为了一个亟待解决的问题。

（二）技术依赖性强，影响孩子自主发展

科技在学前教育中的应用往往会使孩子们过度依赖技术，失去自主探索和学习的能力。例如，一些电子玩具和教学软件虽然能够提供丰富的互动体验，但也可能使孩子们变得懒惰，不愿意主动思考和动手实践。长期下来，这会对孩子们的创造力、想象力和解决问题的能力产生负面影响。因此，在利用科技手段进行学前教育时，需要注重培养孩子的自主性，鼓励他们积极参与和主动探索。

(三) 技术应用存在安全和隐私风险

学前教育中的科技应用涉及大量的个人信息和隐私数据，如孩子的姓名、年龄、家庭地址等。如果这些信息没有得到妥善保护，就可能导致泄露和滥用。此外，一些教育科技产品可能存在安全隐患，如网络安全漏洞、恶意软件等，这些都可能会对孩子们的安全造成威胁。因此，在推广科技应用时，需要加强数据保护和安全管理，确保孩子们的个人信息和隐私得到充分保护。

(四) 个性化教育将成为可能

每个孩子都是独特的个体，他们具有不同的学习风格、兴趣爱好和发展需求。传统的学前教育方式往往难以充分照顾到每个孩子的个性化需求。然而，借助科技手段，可以为每个孩子量身定制个性化的教育方案。例如，通过大数据分析，可以深入了解每个孩子的学习特点和兴趣点，为他们推荐适合的学习资源和课程；通过智能教学系统，可以实现对他们学习进度的实时跟踪和评估，及时调整教学策略，确保每个孩子都能得到最适合自己的教育。

(五) 教育资源将得到更加合理的分配

学前教育资源的分配往往存在地域性差异和不平衡问题。一些地区可能缺乏优质的学前教育资源，导致孩子们无法接受良好的早期教育。然而，借助科技手段，可以打破地域限制，实现教育资源的共享和优化配置。例如，通过在线教育平台，优秀的教师可以为更多地区的孩子们提供远程授课服务；通过数字化教育资源库，可以为缺乏教育资源的地区提供丰富的教学素材和课程内容。这样一来，无论孩子们身处何地，都能享受到优质的教育资源。

(六) 家园共育将得到更好的实现

学前教育不仅仅是幼儿园的责任，家长也至关重要。然而，传统的家园沟通方式往往存在信息不对称、沟通不畅等问题，导致家长难以充分了解孩子在幼儿园的学习和生活情况。借助科技手段，可以建立起更加便捷、高效的家园共育平台。例如，通过家长端 App，家长可以实时查看孩子在幼儿园的学习进度、表现情况等信息；通过在线交流工具，家长可以与教师进行实时沟通，共同商讨孩子的教育问题。这样一来，家长可以更加深入地参与到孩子的学前教育中，与幼儿园形成教育合力，共同促进孩子的健康成长。

科技在学前教育中既面临着挑战，也拥有着广阔的前景。应该积极应对挑战，充分利用科技手段为学前教育带来更多的机遇和可能性。同时，也需要关注科技应用的安全性和隐私保护问题，确保孩子们在享受科技带来的便利和乐趣的同时，也能够得到充分的保护。相信在不久的将来，科技将成为学前教育领域的重要支撑力量，为孩子们创造更加美好的学习环境。

第四节 创意教学与跨学科融合

随着全球化与信息化的深入发展，传统的教学模式正面临着前所未有的挑战。为了培养学生的综合素养和创新能力，创意教学与跨学科融合的理念应运而生，成为当今教育领域的重要发展方向。

一、创意教学的内涵与实施

（一）创意教学的内涵

创意教学是以培养学生的创新精神和实践能力为核心的教学活动。它突破了传统教学中以知识传授为主的模式，更加注重学生的主体性和创造性。创意教学的内涵主要体现在以下几个方面：

（1）创意教学强调学生的主体地位。在传统教学中，教师往往扮演着知识传授者的角色，而学生则处于被动接受的地位。而在创意教学中，学生成为了学习的主体，教师则更多地扮演着引导者和促进者的角色。学生需要积极参与教学过程，主动探究问题，发现规律，从而培养自主学习和终身学习的能力。

（2）创意教学注重培养学生的创新思维和实践能力。创新思维是指能够突破传统思维模式，提出新颖、独特的观点和解决问题的方法。实践能力则是指将理论知识应用于实际问题解决中的能力。创意教学通过设计富有挑战性的学习任务和实践活动，让学生在解决问题的过程中锻炼创新思维和实践能力。

创意教学还强调跨学科知识的融合与运用。在创意教学中，教师不再局限于某一学科的知识传授，而是将不同学科的知识进行有机融合，引导学生从多个角度思考问题，形成综合性的思维方式和解决问题的能力。

（二）创意教学的实施

1. 更新教学理念，树立创新意识

更新教学理念意味着需要摒弃陈旧的教育观念，接纳和适应新的教育思想和模式。传统的教学观念往往注重知识的灌输和应试能力的培养，而忽视了学生的主体性和创造性。然而，随着社会的快速发展，需要的是具有创新思维、解决问题能力的综合型人才。因此，必须转变教学理念，从注重知识传授转向注重能力培养，从以教师为中心转向以学生为中心，从单一学科的教学转向跨学科的综合教学。

树立创新意识是更新教学理念的核心内容。创新是推动社会进步的重要动力，也是教育事业发展的关键所在。作为教师，不仅要培养学生的创新思维和实践能力，自身更要具备创新意识和创新能力。应该敢于尝试新的教学方法和手段，勇于挑战传统的教学模式，不断探索适合学生发展的教育路径。同时，还要关注学生的个体差异和兴趣特点，鼓励他们敢于表达自己的想法和观点，培养他们的独立思考和解决问题的能力。

在更新教学理念和树立创新意识的过程中，还需要注意以下几点。首先，要保持开放的心态和学习的态度。教育是一个不断发展的领域，新的教育理念和方法层出不穷。应该保持对新知识、新技术的学习和探索热情，不断更新自己的知识结构和技能水平。其次，要注重实践和反思。教学理念的创新不是空洞的口号或理论，而是需要在实际教学中应用和验证。应该积极尝试新的教学方法和手段，并在实践中不断反思和总结，以便更好地调整和完善自己的教学策略。最后，要加强与同行的交流与合作。教育是一个集体的事业，需要与同行们共同分享经验和成果，互相学习和借鉴，共同推动教育事业的进步和发展。

更新教学理念，树立创新意识是一个长期而复杂的过程，需要不断地学习、实践和反思。在这个过程中，可能会遇到各种困难和挑战，但只要坚定信念、勇往直前，就一定能够取得丰硕的成果。

2. 设计富有创意的教学内容和活动

设计富有创意的教学内容和活动要从学生的实际需求出发，关注他们的兴趣和特点。传统的教学内容往往过于注重知识的灌输，而忽视了学生的个体差异和兴趣差异。因此，应当打破这种固有的教学模式，引入更多具有实际意义和趣味性的内容。例如，可以结合生活中的实例，设计一些与现实生活紧密相关的问题，引导学生通过实践探究来解决问题，从而培养他们的实践能力和创新思维。

跨学科的教学也是设计富有创意的教学内容的重要方向。在现代社会，知识的交叉与融合已经成为一种趋势。因此，应当将不同学科的知识进行有机融合，设计一些跨学科的综合性活动。这些活动可以帮助学生从多个角度思考问题，养成综合性的思维方式和解决问题的能力。例如，可以组织学生进行跨学科的项目研究，让他们在团队合作中运用所学知识解决实际问题，从而提升他们的综合素质和创新能力。

利用现代技术手段也是设计富有创意的教学内容和活动的重要手段。随着科技的快速发展，现代技术手段为教学提供了更多的可能性和选择。例如，可以利用多媒体、网络等现代技术手段，将文字、图片、音频、视频等多种信息形式融合在一起，设计出更加生动、形象的教学内容。同时，还可以利用在线教学平台、虚拟实验室等现代教学手段，为学生提供更加便捷、高效的学习体验。

在设计富有创意的教学内容和活动时，还需要注重培养学生的批判性思维和创新精神。传统的教学往往注重对知识型记忆和应试能力的培养，而忽视了学生独立思考和创新能力的培养。因此，应当鼓励学生敢于质疑、敢于挑战权威，培养他们的批判性思维。同时，还应当为学生提供一个自由、宽松的学习环境，让他们能够敢于尝试、敢于创新，从而激发他们的创新精神和实践能力。

设计富有创意的教学内容和活动还需要教师具备创新意识和创新能力。作为教师，应当不断更新自己的知识结构和教育观念，积极学习新的教学方法和手段。同时，还应当关注教育领域的新动态和新趋势，及时将新的教育理念和技术引入教学，为学生提供更加优质的教学服务。

设计富有创意的教学内容和活动是一项具有重要意义的工作。它不仅能够激发学生的学习兴趣和积极性，还能够培养他们的创新思维和实践能力。因此，应当不断探索和实践新的教学方法和手段，为学生创造一个充满创意和活力的学习环境。

3. 营造宽松、自由的学习氛围

创意教学营造宽松、自由的学习氛围，不仅体现在课堂教学上，还贯穿学生的整个学习过程。在课堂上，教师可以通过设计富有创意的教学活动，如角色扮演、情景模拟、小组合作等，让学生在参与中体验学习的乐趣，提升学习的实效性。在课外，教师可以组织丰富多彩的实践活动，如社会实践、科技创新、艺术表演等，让学生在实践中锻炼能力，拓宽视野。

宽松、自由的学习氛围并不意味着放任自流。在创意教学中，教师需要把握好教学的节奏和深度，确保学生在宽松的环境中能够有序、有效地学习。同时，教师还需要注重培养学生的自律意识和责任感，让他们明白学习的重要性并自觉投入学习。

创意教学还需要学校、家庭和社会的共同支持和配合。学校应该为教师提供必要的培训和支持，鼓励他们在教学中大胆创新、勇于实践。家庭应该为孩子创造一个温馨、和谐的学习环境，让其在家中也能感受到学习的乐趣。社会应该为教育提供足够的资源和支持，为创意教学的实施创造良好的外部条件。

通过创意教学的实践，可以看到，宽松、自由的学习氛围对于学生的学习和成长具有深远的影响。它不仅能够激发学生的学习兴趣和动力，还能够培养他们的创新思维和实践能力，为他们未来的发展奠定坚实的基础。

在学前教育中，应该积极推广创意教学，让更多学生能够在宽松、自由的学习氛围中茁壮成长。同时，也需要不断探索和完善创意教学的理念和方法，以适应时代的发展和学生的需求，为培养具有创新精神和实践能力的新时代人才贡献力量。

创意教学营造宽松、自由的学习氛围是一种富有成效的教育实践。它不仅能够提升学生的学习效果，还能够促进他们的全面发展。应该珍惜这种教育理念和实践，努力将其发扬光大，为培养更多优秀人才做出更大的贡献。

创意教学的内涵丰富而深刻，实施方式灵活多样。它注重学生的主体性和创造性，强调跨学科知识的融合与运用，旨在培养学生的创新思维和实践能力。然而，创意教学的实施也面临着诸多挑战和困难，需要教师在教学理念、教学设计、教学方法等方面进行全面创新。相信在广大教育工作者的共同努力下，创意教学一定能够在教育领域发挥更大的作用，为培养具有创新精神和实践能力的新时代人才做出更大的贡献。

随着教育改革的不断深入和科技的快速发展，创意教学将会呈现出更加多样化和个性化的特点。期待更多的教育工作者能够积极探索和实践创意教学的新理念和新方法，为推动我国教育事业的发展贡献智慧和力量。

二、跨学科融合的意义与途径

在知识爆炸的时代背景下，跨学科融合逐渐成为了教育领域的重要议题。它不仅是教育创新的体现，更是培养学生综合素质、适应未来社会需求的必要手段。跨学科融合的意义深远、途径多样，值得深入探讨。

（一）跨学科融合的意义

跨学科融合有助于打破学科壁垒，促进知识的整体性和系统性。在传统的教育体系中，各个学科往往各自为政，相互之间的联系不够紧密。这导致学生往往只能从一个狭窄的视角去看待问题，难以形成全面的认识。而跨学科融合则能够将不同学科的知识和方法进行有机融合，形成一个更加完整、系统的知识体系。这样，学生就能够更加全面地了解事物的本质和规律，更好地应对复杂多变的社会环境。

跨学科融合有助于培养学生的创新思维和综合能力。创新需要宽广的知识视野和灵活的思维方式，而跨学科融合正好能够满足这一需求。通过跨学科的学习和实践，学生能够接触到不同的思想和方法，拓展自己的思维空间，激发创新灵感。同时，跨学科融合还能够培养学生的综合能力，包括解决问题能力、团队协作能力、沟通能力等，这些能力在未来的职业发展中具有重要的作用。

跨学科融合有助于适应社会发展的需求。随着科技的进步和产业的发展，社会对人才的需求也在不断变化。跨学科融合能够培养出既具备专业知识又具备跨学科素养的复合型人才，这些人才能够更好地适应社会的变化和发展，为社会的进步作出贡献。

（二）跨学科融合的途径

在课程设计上，可以设置一些跨学科的综合性课程，将不同学科的知识进行有机融合。这些课程可以围绕某个主题或问题展开，引导学生从不同学科的角度去思考和解决问题。同时，也可以鼓励学生在选修课程中自主选择不同学科的课程，以拓宽自己的知识视野。

在教学方法上，可以采用项目式学习、合作学习等教学方式，鼓励学生进行跨学科的学习和探究。项目式学习可以让学生通过实际项目的实施，将不同学科的知识进行综合运用，培养他们的实践能力和解决问题的能力。合作学习则可以让学生在小组中相互合作，共同完成任务，培养他们的团队协作能力和沟通能力。

还可以开展一些跨学科的实践活动，如社会实践、科技创新等。这些活动可以让学生将所学知识应用到实际生活中，通过实践来深化对知识的理解和掌握。同时，也能够培养学生的创新精神和实践能力，提高他们的综合素质。

加强教师队伍建设也是实现跨学科融合的重要途径。教师需要具备跨学科的知识背景和教学方法，能够引导学生进行跨学科的学习和探究。因此，学校可以加强教师培训和学习，提高他们的跨学科素养和教学能力。

跨学科融合对于培养具有全面素养和创新能力的人才具有重要意义。

通过课程设计、教学方法、实践活动以及教师队伍建设等途径,可以有效地实现跨学科融合,为学生的全面发展和社会进步作出贡献。

三、创意教学与跨学科融合的相互促进

创意教学和跨学科融合作为两种重要的教育理念,不仅为教育实践带来了全新的视角,其相互之间的促进作用也日益凸显。创意教学注重培养学生的创新思维和实践能力,而跨学科融合则强调打破学科壁垒,实现知识的综合应用。两者相辅相成,共同推动着教育的创新与发展。

创意教学为跨学科融合提供了有力的支持。在创意教学中,教师鼓励学生发挥想象力,勇于尝试新的思路和方法。这种开放、包容的教学氛围为跨学科融合创造了良好的条件。通过创意教学,学生可以更加灵活地运用不同学科的知识和方法,解决实际问题。同时,创意教学也注重培养学生的团队协作能力,使他们能够更好地在跨学科团队中发挥作用。因此,创意教学不仅有助于提升学生的综合素质,还为跨学科融合的实施提供了坚实的基础。

跨学科融合进一步促进了创意教学的发展。跨学科融合强调不同学科之间的交叉与融合,使学生在学习过程中能够接触到更加广泛的知识领域。这种多元化的学习体验有助于激发学生的创新思维,使他们能够从不同的角度思考问题,提出更具创意的解决方案。同时,跨学科融合也为学生提供了更多的实践机会,使他们在实际问题解决中能够锻炼自己的实践能力。因此,跨学科融合不仅丰富了创意教学的内容,还为创意教学的实施提供了更加广阔的舞台。

创意教学与跨学科融合相互促进,共同推动了教育质量的提升。通过创意教学,学生可以培养自己的创新思维和实践能力,为未来的职业发展和适应社会奠定坚实基础。而跨学科融合则有助于打破学科壁垒,实现知

识的综合应用，提高学生的综合素质和解决问题的能力。这种相互促进的关系使得教育更加符合社会的需求和发展趋势，为培养具有创新精神和实践能力的人才提供了有力保障。

要实现创意教学与跨学科融合的相互促进，还需要教师在教学实践中不断探索和创新。教师需要具备跨学科的知识背景和教学方法，能够引导学生进行跨学科的学习和探究。同时，教师还需要关注学生的个性差异和发展需求，为每个学生提供个性化的教学方案和支持。此外，学校和社会也应该为创意教学和跨学科融合提供必要的支持和资源，营造良好的教育环境和氛围。

创意教学与跨学科融合是相互促进的关系。它们共同推动着教育的创新与发展，为学生的全面发展和社会的进步作出了积极贡献。应该充分认识到这种相互促进关系的重要性，并在教育实践中加以应用和推广，以培养出更多具有创新精神和实践能力的人才。

四、实施创意教学与跨学科融合的挑战与对策

在教育改革的浪潮中，创意教学与跨学科融合作为推动教育创新的重要力量，被广大教育工作者寄予厚望。然而，在实施过程中，也不得不面对一些挑战。这些挑战既有来自教育体制层面的，也有来自教学实践层面的。只有深入了解这些挑战，并采取相应的对策，才能更好地推动创意教学与跨学科融合的实施。

实施创意教学与跨学科融合面临着教育体制层面的挑战。传统的教育体制往往以分科教学为主，学科之间的界限清晰且固定。这种体制下的教学模式和评价方式，难以适应创意教学与跨学科融合的需求。因此，需要对教育体制进行改革，打破学科壁垒，建立更加灵活多样的教学模式和评价机制。具体来说，可以通过设立跨学科课程、建立跨学科教学团队、开

展跨学科实践活动等方式,为创意教学与跨学科融合提供有力的支持。

教学实践层面的挑战也不容忽视。创意教学与跨学科融合需要教师具备跨学科的知识背景和教学方法,能够引导学生进行跨学科的学习和探究。然而,现实中许多教师缺乏相关的培训和支持,难以胜任这一任务。因此,需要加强对教师的培训和支持,提高他们的跨学科素养和教学能力。可以通过组织跨学科教学研讨会、开展跨学科教学案例分享等方式,帮助教师了解并掌握创意教学与跨学科融合的理念和方法。

学生的接受度和参与度也是实施创意教学与跨学科融合时需要考虑的因素。由于传统教育模式的影响,部分学生可能习惯于被动接受知识,对跨学科学习和创新思维的接受度不高。因此,需要通过激发学生的学习兴趣和动力,提高他们的参与度和积极性。可以通过设计有趣的跨学科项目、开展实践活动、建立激励机制等方式,引导学生主动参与到创意教学与跨学科融合中来。

针对这些挑战,可以采取以下对策来推动创意教学与跨学科融合的实施:

(1)加强政策引领和制度保障。政府和教育部门应出台相关政策,鼓励和支持学校开展创意教学与跨学科融合的实践。同时,建立相应的评价和激励机制,对在创意教学与跨学科融合方面取得显著成果的学校和教师给予表彰和奖励。

(2)加强师资培养和团队建设。通过举办培训班、研讨会等活动,提升教师的跨学科素养和教学能力。同时,鼓励教师之间进行跨学科合作与交流,形成跨学科教学团队,共同推动创意教学与跨学科融合的实施。

(3)注重学生需求和发展。在实施创意教学与跨学科融合的过程中,应充分关注学生的需求和兴趣,以学生的发展为出发点和落脚点。通过设计符合学生实际的项目和活动,引导学生积极参与并享受学习的过程。

实施创意教学与跨学科融合面临着诸多挑战，但只要采取合适的对策并付诸实践，就一定能够克服这些困难并取得显著的成果。让我们共同努力，为培养具有创新精神和实践能力的人才贡献自己的力量。

第五章　教师角色与专业素养的提升

第一节　儿童教育的教师角色转变

随着时代的进步和社会的发展，儿童教育逐渐受到越来越多的关注和重视。在这一过程中，教师的角色也发生了深刻的转变。教师不再是单纯的知识传授者，而是成为儿童成长的引导者、支持者和合作伙伴。本节将从多个方面探讨儿童教育的教师角色转变（图5-1）。

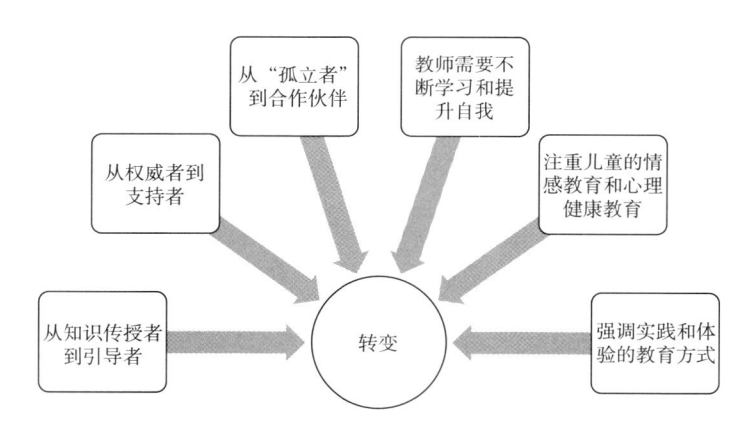

图 5-1　儿童教育的教师角色转变

一、从知识传授者到引导者

在传统的教育观念中，教师被赋予了传授知识的重要使命，他们是知识的传递者，学生则是知识的接受者。然而，随着教育理念的不断更新和教育实践的深入发展，教师的角色逐渐从单纯的知识传授者转变为学生的引导者。这一转变在儿童教育中尤为显著，它既体现了对儿童个体差异的尊重，也反映了对儿童全面发展需求的深刻认识。

从知识传授者到引导者，意味着教师角色的重心发生了转移。过去，教师的主要任务是向学生灌输知识，确保他们能够掌握课本上的内容。而现在，教师更注重激发学生的主动性和创造性，引导他们独立思考、自主探究。教师不再是知识的灌输者，而是学生探索知识的引路人，他们在学生遇到困惑时给予启发，帮助学生找到解决问题的路径。

引导者角色的转变要求教师具备更高的专业素养和教育智慧。作为引导者，教师需要深入了解学生的兴趣和需求，关注他们的个体差异，为他们提供个性化的学习支持。同时，教师还需要具备跨学科的知识储备和灵活的教学方法，以便能够根据学生的实际情况灵活调整教学计划，满足他们的多样化学习需求。

引导者角色的转变还体现在教师与学生关系的重塑上。传统的师生关系往往是权威与服从的关系，教师拥有绝对的权威，学生则处于被动接受的地位。而现在，教师更倾向于与学生建立平等、互动的关系，鼓励学生表达自己的观点和想法，尊重他们的主体地位。这种新型的师生关系有助于培养学生的自主性和创造性，促进他们的全面发展。

在实践中，从知识传授者到引导者的转变需要教师在多个方面做出努力。首先，教师需要更新教育观念，认识到自己不仅是知识的传授者，更是学生成长的引导者[1]。其次，教师需要提升自己的专业素养和教育技能，以便能够更好地履行引导者的职责。这包括学习新的教学方法和技术、参加专业培训、与同行交流学习等。同时，教师还需要关注学生的情感需求

---

[1] 程茂胜，刘桂生. 农村高中留守学生教育机制创新的实践研究[J]. 教育教学论坛，2020（43）：124-125.

和心理变化，为他们提供必要的支持和帮助。

在儿童教育中，这种转变尤为重要。儿童正处于身心发展的关键时期，他们的好奇心和探索欲旺盛，但也因此面临着诸多困惑和挑战。作为引导者，教师需要以儿童为中心，关注他们的兴趣和需求，为他们提供适宜的学习环境和资源。同时，教师还需要引导儿童树立正确的价值观和人生观，帮助他们形成良好的行为习惯和道德品质。

从知识传授者到引导者是教师角色在儿童教育中的深刻转变。这一转变不仅体现了教育理念的进步和教育实践的发展，也反映了对学生个体差异和全面发展需求的深刻认识。在未来的儿童教育中，应该继续深化这一转变，为儿童的成长和发展提供更加优质的教育服务。

二、从权威者到支持者

在传统教育观念中，教师常常被视为权威的象征，他们的话语具有绝对的权威性，学生的行为和思想往往受到教师的严格约束和指导。然而，随着教育理念的不断更新和教育实践的深入发展，教师的角色逐渐从权威者转变为支持者。这一转变不仅体现了对儿童主体地位的尊重，也反映了对儿童自主发展需求的深刻认识。

从权威者到支持者，意味着教师开始从传统的"主宰者"角色中解放出来，以更加平等、开放的态度对待学生。在传统的权威者角色中，教师往往以自我为中心，要求学生无条件服从自己的指令和安排。而在支持者角色中，教师则更加注重学生的个体差异和需求，以学生的发展为出发点和落脚点，为他们提供必要的支持和帮助。

支持者角色的转变要求教师具备更高的情感素养和人文关怀。作为支持者，教师需要深入了解学生的内心世界，关注他们的情感变化和心理需求。当学生遇到困难和挫折时，教师需要给予及时的关心和鼓励，帮助他们建立自信，克服困难。同时，教师还需要关注学生的兴趣和特长，为他们提供个性化的学习和发展建议，激发他们的学习热情和创新精神。

从权威者到支持者的转变还体现在师生关系的重塑上。传统的权威者角色中，师生关系往往呈现出一种"上对下"的态势，学生处于被动服从的地位。而现在，教师更倾向于与学生建立一种平等、互动、合作的关系，共同探索知识的奥秘，共同面对生活的挑战。这种新型的师生关系有助于培养学生的自主性和创造性，促进他们的全面发展。

在实践中，从权威者到支持者的转变需要教师在多个方面做出努力。首先，教师需要更新教育观念，认识到自己不仅是知识的传授者，更是学生成长的支持者。其次，教师需要提升自己的情感素养和人文关怀能力，以便能够更好地理解和支持学生。这包括学习如何与学生建立信任关系、如何倾听学生的心声、如何提供有效的情感支持等。同时，教师还需要关注学生的全面发展，为他们提供多元化的学习和发展机会。

在儿童教育中，这种转变尤为重要。儿童正处于身心发展的关键时期，他们需要得到足够的关爱和支持，以建立自信和发展潜能。作为支持者，教师需要以儿童为中心，关注他们的需求和兴趣，为他们创造一个宽松、自由、充满爱的成长环境。同时，教师还需要与家长和社会各界密切合作，共同为儿童的健康成长提供有力的支持。

总之，从权威者到支持者是教师角色在儿童教育中的深刻转变。这一转变不仅体现了教育理念的进步和教育实践的发展，也反映了对学生主体地位和其自主发展需求的深刻认识。在未来的儿童教育中，应该继续深化这一转变，为儿童的成长和发展提供更加优质的教育服务，让每一个孩子都能在教师的关爱和支持下茁壮成长。

三、从"孤立者"到合作伙伴

在传统教育观念中,教师往往被视为"孤立"的教育工作者,他们独自承担教育任务,与其他教师、家长以及社区的联系并不紧密。然而,随着教育理念的更新和教育实践的深入,教师的角色逐渐从"孤立者"转变为合作伙伴。这一转变不仅体现了教师角色的丰富和拓展,也彰显了教育共同体意识的崛起。

从"孤立者"到合作伙伴的转变意味着教师需要主动与其他教育工作者建立联系和合作。在传统的"孤立者"角色中,教师往往只是在自己的教室里进行教学,与其他教师的交流有限,更别提与家长和社区的合作了。然而,在现代教育中,教师开始意识到教育是一个综合性的工作,需要多方的共同参与和努力。因此,他们开始主动与其他教师交流教学经验,分享教育资源,共同探讨教育问题。同时,他们也积极与家长沟通,了解学生的家庭背景和成长环境,以便更好地指导学生的学习和生活。此外,教师还开始与社区合作,利用社区资源为学生提供更广阔的学习空间和实践机会。

作为合作伙伴的教师需要具备良好的沟通能力和团队协作精神。在与其他教育工作者合作的过程中,教师需要学会倾听和理解对方的观点和需求,尊重彼此的差异和独特性。同时,教师还需要学会协商和妥协,以达成共同的教育目标。此外,教师还需要具备团队协作精神,积极参与团队活动,为团队的发展贡献自己的力量。

从"孤立者"到合作伙伴的转变还意味着教师需要承担起更多的社会责任。作为教育工作者,教师不仅是学生的引路人,也是社会的建设者。他们需要关注社会的发展和变化,了解社会的需求和期望,以便更好地为学生的成长和发展提供支持。同时,教师还需要积极参与社会公益活动,为社会的发展贡献自己的智慧和力量。

在实践中,从"孤立者"到合作伙伴的转变需要教师在多个方面做出努力。首先,教师需要加强自身的专业素养和教育教学能力,以便能够更好地与其他教育工作者合作和交流。其次,教师需要积极参与学校和社区的教育活动,与其他教师、家长和社区成员建立良好的合作关系。最后,教师需要关注学生的全面发展,与其他教育工作者共同为学生的成长和发展提供支持。

这种角色的转变对于儿童教育来说尤为重要。儿童是社会的未来和希望,他们的成长和发展需要得到全社会的关注和支持。作为合作伙伴的教师能够与其他教育工作者一起为儿童创造一个更加美好的成长环境。通过共同制订教育计划、分享教育资源和经验以及提供个性化的教育支持等方式,教师们能够更好地满足儿童的需求和期望,促进他们的全面发展。

从"孤立者"到合作伙伴是教师角色在儿童教育中的深刻转变。这一转变不仅体现了教师角色的丰富和拓展,也彰显了教育共同体意识的崛起。在未来的儿童教育中,应该继续深化这一转变,加强教师与其他教育工作者之间的合作和交流,共同为儿童的成长和发展创造更加美好的明天。

四、教师需要不断学习和提升自我

教师需要不断学习是教育工作的基本要求。教育是一个不断发展和更新的领域,新的教育理念、教学方法和手段层出不穷。教师如果不能及时跟上时代的步伐,掌握新的知识和技能,就难以满足学生的需求,也难以取得良好的教学效果。因此,教师需要保持开放的心态,积极学习新的教育理论和教学方法,不断提高自己的教育教学水平[1]。

---

[1] 贾茁壮. 高中英语教学现状及改进措施 [J]. 西部素质教育, 2020, 6 (4): 219.

提升自我是教师职业发展的必经之路。教师职业发展是一个持续不断的过程，需要教师在实践中不断反思、总结和提升。通过参加各种教育培训、学术交流和实践活动，教师可以拓宽自己的视野，增强自己的专业素养，提高自己的教育教学能力。同时，教师还可以通过自我学习和自我反思，不断完善自己的教育观念和教学方法，实现自我提升和职业发展。

不断学习和提升自我也是教师实现个人价值的重要途径。教育是一项充满挑战和机遇的事业，教师需要不断面对新的问题和挑战，通过学习和实践来不断提升自己的能力和素质。在这个过程中，教师不仅可以实现自我价值的提升，还可以为学生和社会创造更多的价值。

教师如何做到不断学习和提升自我呢？首先，教师需要树立终身学习的观念，将学习作为自己职业生涯的重要组成部分。其次，教师需要积极参与各种教育培训和学术交流活动，了解最新的教育理念和教学方法。并且，教师还需要注重自我反思和总结，及时发现自己在教学中的不足并加以改进。最后，教师还可以利用现代科技手段，如网络学习平台、在线教育资源等，进行自我学习和提升。

在实践过程中，教师需要关注自己的成长和进步。每次参加培训、阅读教育文献和进行教学实践后，教师都应该认真总结自己的收获和不足，思考如何将这些经验和教训应用到未来的教学中。同时，教师还需要关注学生对自己的反馈和评价，以便及时调整自己的教学方法和策略，提高教学效果。

教师需要不断学习和提升自我，这是教育工作的基本要求，也是教师职业发展的必经之路。只有不断学习新知识、新技能，不断反思和总结自己的教学实践，教师才能跟上时代的步伐，适应教育的需求，为学生的成长和发展做出更大的贡献。同时，通过不断学习和提升自我，教师也可以实现自我价值的提升，实现个人职业发展和成长。因此，每一位教师都应该把不断学习和提升自我作为自己的职业追求和人生目标，不断努力、不断进步。

五、注重儿童的情感教育和心理健康教育

情感教育是儿童教育的重要组成部分。儿童期是情感发展的关键时期，他们的情感表达、情感调节以及情感认知都在这一时期逐渐形成。通过情感教育，可以帮助儿童建立积极的情感态度，使其学会正确表达自己的情感，理解并尊重他人的情感，从而培养出具有同理心、善良、乐观等优秀品质。同时，情感教育还能帮助儿童建立良好的人际关系，提升他们的社会适应能力。

心理健康教育同样至关重要。儿童期是心理发展的关键时期，他们的认知、情感、意志等心理过程都在这一时期得到迅速发展。心理健康教育旨在帮助儿童建立正确的心理观念，提高他们的心理素质，增强他们的心理承受能力。通过心理健康教育，可以引导儿童正确面对挫折和困难，培养他们的自信心和抗挫能力，使他们能够在未来的学习和生活中更好地应对各种挑战。

如何注重儿童的情感教育和心理健康教育呢？首先，家庭和学校应共同营造良好的教育环境。家庭是儿童情感和心理发展的摇篮，家长应给予儿童足够的关爱和支持，帮助他们建立积极的情感基础。学校则应为儿童提供丰富多彩的教育活动，让他们在参与中体验情感、发展心理。同时，教师和家长应密切关注儿童的情感和心理变化，及时发现并解决问题。

教育者应关注儿童的情感需求和心理特点。每个儿童都有自己的情感特点和心理需求，教育者应根据他们的实际情况进行有针对性的教育。例如，对于性格内向的儿童，教育者应给予更多的关注和鼓励，帮助他们克服自卑心理；对于情绪不稳定的儿童，教育者应引导他们学会调节情绪，

保持平和的心态。

还可以通过课程设置和教学方法的创新来加强儿童的情感教育和心理健康教育。例如，可以在课程中融入情感教育和心理健康教育的元素[1]，通过故事、游戏、角色扮演等形式，让儿童在轻松愉快的氛围中学习情感表达和调节的技巧，了解心理健康知识。同时，还应鼓励儿童参与团队活动和社会实践，培养他们的团队协作能力和社会适应能力。

注重儿童的情感教育和心理健康教育是教育工作中不可或缺的一部分。应从多方面入手，为儿童营造一个良好的教育环境，关注他们的情感需求和心理特点，创新教育方法和手段，以促进儿童情感和心理的健康发展。只有这样，才能培养出具有健全人格、积极情感和良好心理素质的新一代儿童，为社会的繁荣和发展贡献力量。

六、强调实践和体验的教育方式

儿童教育强调实践和体验的教育方式，这是当今教育领域的共识，也是儿童成长过程中的重要环节。实践与体验的教育方式，旨在通过亲身经历与实际操作，让儿童在探索与发现中获取知识，锻炼能力，形成积极的情感态度和正确的价值观。

实践教育强调的是儿童的亲身参与。儿童天生具有好奇心和探索欲，他们渴望通过亲身尝试来了解世界。因此，在教育过程中，应该为儿童提供丰富的实践机会，让他们通过动手操作、观察实验等方式，去感知、理解事物的本质和规律。这种教育方式不仅能够激发儿童的学习兴趣，还能够培养他们的实践能力和创新精神。

体验教育注重的是儿童的情感体验。儿童在成长过程中，不仅需要获

---

[1] 任嘉丽. 中职班本课程开发与实施策略探析［J］. 中学教学参考，2023（18）：93-96.

取知识，更需要培养积极的情感态度和正确的价值观。通过参与各种活动，儿童可以体验到成功与失败、合作与竞争、关爱与尊重等不同的情感，从而学会如何面对生活中的挑战和困难。同时，体验教育还能够帮助儿童建立良好的人际关系，增强他们的社会适应能力。

实践和体验的教育方式在多个方面都具有显著的优势。首先，它有助于儿童形成全面的知识体系。传统的教育方式往往注重知识的灌输，而忽略了知识的应用。而实践和体验的教育方式则能够让儿童在实际操作中巩固所学知识，形成对知识的深刻理解和灵活运用。其次，这种教育方式能够培养儿童的综合素质。通过参与各种活动，儿童可以锻炼自己的动手能力、沟通能力、合作能力等多方面的能力，为未来的成长奠定坚实的基础。

在实施实践和体验的教育方式时，也需要注意一些问题。首先，要确保活动的安全性和适宜性。儿童的安全是教育过程中最重要的，因此，在组织活动时，必须充分考虑到各种潜在的风险，并采取相应的预防措施。同时，活动的内容也应该符合儿童的年龄特点和兴趣爱好，以激发他们的参与热情。其次，要注重教师的引导作用。在实践和体验的教育过程中，教师不仅是活动的组织者和指导者，更是儿童成长道路上的引路人。因此，教师应该具备丰富的教育经验和专业知识，能够根据儿童的特点和需求，制订合适的活动方案，并在活动过程中给予儿童适时的指导和帮助。

家庭和社会也应该为儿童提供实践和体验的机会。家庭是儿童成长的摇篮，家长可以通过日常生活中的点滴小事，培养儿童的实践能力和生活技能。社会则可以为儿童提供更广阔的实践平台，如博物馆、科技馆、少年宫等公共场所，都可以成为儿童学习和体验的好去处。

儿童教育强调实践和体验的教育方式，是符合儿童成长规律和教育发展趋势的。通过实践和体验的教育方式，可以让儿童在快乐中成长，在探索中进步，为他们的未来奠定坚实的基础。

第二节　学前教育教师的专业发展与培训

学前教育作为儿童成长的关键阶段，其教师的专业发展和培训显得尤为重要。教师的专业素养和教学能力直接影响到学前教育的质量和儿童的发展。因此，加强学前教育教师的专业发展与培训，提升教师的教育教学水平，是当前学前教育领域的重要课题。

一、学前教育教师专业发展的重要性

学前教育教师的专业发展是提升教育质量的关键。学前教育阶段，是儿童身心发展的关键时期，也是他们认知世界、形成良好行为习惯的重要阶段。在这个阶段，儿童需要得到科学、系统的引导和培养。而学前教育教师，作为儿童的启蒙者和引路人，他们的专业素养和教学能力直接影响到教育的效果。一个具备专业知识和技能的教师，能够针对儿童的特点和需求，制订合适的教学计划，采用科学的教学方法，为儿童创造一个安全、愉快、富有挑战性的学习环境。这样的教师不仅能够激发儿童的学习兴趣，培养他们的学习能力，还能够关注儿童的心理健康，帮助他们建立自信、乐观的人生态度。因此，学前教育教师的专业发展，是提升教育质量、促进儿童全面发展的重要保障。

学前教育教师的专业发展有助于推动教育创新。随着社会的不断发展，教育理念和教育方法也在不断更新和变革。学前教育作为教育领域的重要组成部分，同样需要与时俱进，不断创新。而教师的专业发展，正是推动教育创新的重要动力。通过专业发展，教师可以接触到最新的教育理念和教育技术，了解到国内外学前教育的最新动态和趋势。这些新的理念和技术，可以为教师提供新的教学思路和方法，激发他们的创新思维和创造力。同时，专业发展还可以帮助教师形成开放、包容的教育心态，鼓励他们勇于尝试新的教学方法和手段，不断探索适合儿童发展的教育模式。这样的教师，不仅能够为儿童提供更好的教育服务，还能够为学前教育事业的发展贡献自己的力量。

学前教育教师的专业发展还有助于提升教师的社会地位和职业认同感。教师是人类灵魂的工程师，他们的工作对于社会的发展和进步具有重要意义。然而，在现实生活中，学前教育教师的社会地位和待遇并不高，这在一定程度上影响了他们的工作积极性和职业发展动力。通过专业发展，教师可以不断提升自己的专业素养和教学能力，获得更多的职业成就感和满足感。同时，随着社会对学前教育重视程度的不断提高，教师的社会地位和待遇也会逐渐改善。这将进一步激发教师的工作热情和创新精神，推动学前教育事业的持续发展。

学前教育教师的专业发展对于构建和谐的师生关系具有重要意义。在学前教育阶段，儿童与教师之间的互动关系非常密切。一个具备专业素养和教学能力的教师，能够更好地理解儿童的需求和感受，与他们建立起亲密、信任的关系。这样的师生关系，不仅有助于儿童在情感上得到支持和关爱，还有助于他们在学习上取得更好的成绩。同时，教师的专业发展还可以提升他们的沟通能力和应变能力，使他们能够更好地应对儿童在成长过程中出现的各种问题和挑战。这样的教师，不仅能够为儿童创造一个和谐、温馨的学习环境，还能够为他们的健康成长提供有力的保障。

学前教育教师的专业发展也是实现教育公平的重要途径。在我国，由于地域、经济等因素的差异，学前教育的发展水平存在较大的差距。一些地区的学前教育资源匮乏，教师队伍素质不高，这在一定程度上影响了儿童的受教育机会和质量。通过加强学前教育教师的专业培养，可以提升这些地区教师的教育教学水平，改善他们的教育环境，为更多的儿童提供优质的学前教育服务。这将有助于缩小地域间、城乡间的教育差距，实现教育公平的目标。

学前教育教师的专业发展对于培养未来的社会栋梁之材具有深远意义。儿童是祖国的未来和希望，他们的成长和发展直接关系到国家的未来命运。学前教育作为儿童成长的起点，对于培养他们的品德、习惯和能力具有至关重要的作用。而学前教育教师的专业发展，正是为儿童提供优质教育的重要保障。通过专业发展，教师可以不断提升自己的教育教学水平，为儿童创造一个充满爱、智慧和创造力的成长环境。在这样的环境下成长的儿童，更有可能成为未来社会的栋梁之材，为国家的繁荣富强做出积极贡献。

学前教育教师的专业发展对于提升教育质量、推动教育创新、提升教师社会地位和职业认同感、构建和谐的师生关系、实现教育公平以及培养未来的社会栋梁之材都具有重要意义。因此，应该高度重视学前教育教师的专业发展，为他们提供更多的培训和发展机会，帮助他们不断提升自己的专业素养和教学能力，为学前教育事业的持续发展贡献力量。同时，也应该加强对学前教育教师专业的宣传和推广，提高社会对学前教育教师专业发展的认识和支持度，为他们的成长和发展创造更加良好的社会环境。

二、学前教育教师专业培训的现状与问题

学前教育作为儿童成长的起点，对于其未来的全面发展具有至关重要的作用。因此，学前教育教师的专业素养和教学能力就显得尤为重要。而为了提升教师的这些能力，学前教育教师专业培训应运而生。然而，尽管培训的重要性被广泛认可，但在实际操作中，学前教育教师专业培训的现

状并不尽如人意，存在着一系列亟待解决的问题。

（一）学前教育教师专业培训的现状

目前，学前教育教师专业培训在我国已经得到了广泛的开展，但仍然存在一些明显的不足。

从培训规模来看，虽然各地的培训活动层出不穷，但相较于庞大的学前教师队伍而言，培训的覆盖面仍然有限。许多基层的学前教育教师，尤其是那些位于偏远地区的教师，往往难以获得及时、有效的专业培训。这导致了学前教育教师队伍在专业素养和教学能力上的不均衡发展。

从培训内容来看，虽然涵盖了教育理念、教学方法、儿童心理学等多个方面，但往往缺乏针对性和实用性。一些培训内容过于理论化，与教师的实际教学需求脱节，难以转化为实际的教学能力。此外，培训内容更新缓慢，难以跟上学前教育领域的新理念和新方法，导致培训效果有限。

从培训方式来看，虽然传统的讲座、研讨会等形式仍然占据主导地位，但一些创新的培训方式，如在线学习、实践操作等，也逐渐被引入。然而，这些创新方式在实际应用中仍面临诸多挑战，如技术支持不足、教师接受度不高等问题。

从培训效果来看，由于缺乏有效的评估机制，许多培训活动难以衡量其实际效果。一些教师虽然参加了培训，但并未真正将所学应用于实际教学中，导致培训成果难以体现。

（二）学前教育教师专业培训存在的问题

尽管学前教育教师专业培训在一定程度上提升了教师的专业素养和教学能力，但仍然存在诸多问题亟待解决。

（1）培训资源不足且分配不均。由于学前教育教师数量庞大，而专业培训资源有限，导致许多教师无法获得足够的培训机会。同时，培训资源的分配也存在地域差异，一些经济发达地区的教师能够享受到更多的培训资源，而经济欠发达地区的教师则面临培训机会匮乏的困境。

（2）培训内容缺乏针对性和实用性。当前，一些培训项目过于注重理论知识的传授，而忽视了教师实际教学技能的提升。这导致教师在培训结束后，虽然掌握了一些理论知识，但难以将其有效应用于实际教学中。此外，培训内容也缺乏对不同层次、不同需求教师的关注，无法满足教师的个性化发展需求。

（3）培训方式单一且缺乏创新。目前，学前教育教师专业培训主要采用传统的讲授式教学和集中培训的方式。这种方式虽然可以传授知识，但缺乏互动性和实践性，难以激发教师的学习兴趣和积极性。同时，由于培训时间和地点的限制，许多教师难以参与其中，影响了培训的覆盖面和效果。

（4）培训效果评估机制不完善。由于缺乏有效的评估标准和手段，难以对培训效果进行客观、全面的评价。这导致一些培训项目虽然投入了大量的人力、物力和财力，但最终效果却并不理想。

（5）教师的培训意识和参与度不高。一些教师可能由于工作繁忙、缺乏动力等原因，对培训持消极态度，参与度不高。这不仅影响了培训的效果，也浪费了宝贵的培训资源。

针对以上问题，可以从以下5个方面改进学前教育教师专业培训：

（1）加大投入力度，扩大培训规模。政府和社会应加大对学前教育教师专业培训的投入力度，增加培训名额和经费支持。同时，应优化培训资源配置，确保培训资源能够公平、有效地分配给每位教师。

（2）深化培训内容改革，提高针对性和实用性。培训内容应紧密结合教师的实际教学需求，注重理论与实践相结合。可以针对不同层次、不同需求的教师制订个性化的培训方案，提供有针对性的培训内容。同时，还应加强对教师职业素养、心理健康等方面的培训，全面提升教师的专业素养和教学能力[1]。

（3）创新培训方式，增强互动性和实践性。可以引入线上学习、微课等新型培训方式，为教师提供更加灵活多样的学习选择。同时，还应加强实践环节的设计和实施，让教师在实践中学习、成长。

（4）完善培训效果评估机制，确保培训质量。应建立科学、全面的培训效果评估体系，对培训过程和结果进行全面、客观的评价。可以通过问卷调查、观察记录、教学反思等方式收集数据和信息，对培训效果进行量化分析和定性描述。同时，还应建立激励机制，对培训表现优秀的教师给予表彰和奖励。

（5）激发教师参与培训的积极性与主动性。可以通过宣传培训的重要性、提供培训机会和条件、建立学习共同体等方式提高教师的培训意愿和动力。同时，还应关注教师的个性化需求和发展目标，为他们提供有针对性的培训支持和指导。

学前教育教师专业培训虽然取得了一定的成效，但仍存在诸多问题和挑战。需要从多个方面入手进行改进和完善，确保培训能够真正发挥提升教师专业素养和教学能力的作用，为学前教育的健康发展提供有力保障。

三、加强学前教育教师专业发展与培训的策略

随着社会对学前教育重视程度的不断提升，学前教育教师的专业发展与培训也日益成为教育领域关注的焦点。加强学前教育教师的专业发展与培训，对于提升教师的教育教学能力、促进学前教育的质量提升具有重要意义。那么，如何有效地加强学前教育教师的专业发展与培训呢？以下是一些具体的策略和建议。

---

[1] 仝志贤，张继勇. 关于义务教育薄弱环节改善与能力提升工作的思考 [J]. 教育与装备研究，2021，37（11）：10-15.

(一) 明确培训目标与内容

明确培训目标与内容，是加强学前教育教师专业发展与培训的首要任务。它不仅是培训活动的导向，更是确保培训效果和质量的关键所在。因此，需要对培训目标与内容进行深入地分析和明确，以确保培训活动的针对性和实效性。

明确培训目标是确保培训活动有方向、有重点的基础。培训目标应紧密结合当前学前教育领域的实际需求和发展趋势，针对教师的专业素养和教学能力提出具体、可行的要求。这些目标可以包括提升教师的教育理念、教学方法、儿童心理学知识等方面的能力，促进教师的专业成长和职业发展。同时，培训目标还应根据教师的不同发展阶段和个体差异，制定个性化的目标，以满足不同教师的需求。

明确培训内容是实现培训目标的重要保障。培训内容应紧密围绕培训目标展开，注重理论与实践相结合，确保教师能够真正掌握并运用所学知识。具体来说，培训内容可以包括学前教育领域的新理念、新方法和新技能，以及教育教学实践中的典型案例和经验分享。同时，还可以引入相关领域的最新研究成果和实践经验，拓宽教师的知识视野，提升他们的专业素养。

在明确培训目标与内容的过程中，还需要注意以下几点：

（1）紧密结合教师的实际需求。培训目标与内容的确定应充分征求教师的意见和建议，了解他们的真实需求和困惑，以确保培训活动能够真正解决他们的问题，提升他们的能力。

（2）注重培训的系统性和连贯性。培训目标与内容应形成一个完整的体系，各个部分之间相互衔接、相互支撑，确保教师能够逐步深入、系统地掌握相关知识和技能。

（3）关注培训的实效性和可操作性。培训目标与内容应注重实际效果，避免过于理论化或抽象化。同时，还应提供具体的操作方法和实践指导，帮助教师将所学知识和技能转化为实际教学能力。

明确培训目标与内容还需要注重与时俱进。随着学前教育领域的不断发展和变化，需要不断更新和调整培训目标与内容，以确保其能够紧跟时代的步伐，满足教师的实际需求。

明确培训目标与内容是加强学前教育教师专业发展与培训的关键环节。需要从教师的实际需求出发，结合学前教育领域的发展趋势和实际需求，制定具体、可行的培训目标和内容。同时，还需要注重培训的系统性、连贯性、实效性和可操作性，以及与时俱进的精神，以确保培训活动能够真正发挥实效，促进教师的专业发展和教学能力的提升。

在明确了培训目标与内容之后，还需要设计科学合理的培训方案，采用有效的培训方法和手段，确保培训活动的顺利实施。同时，还需要建立完善的评估机制，对培训效果进行及时评估和总结，以便不断改进和优化培训方案，为教师的专业发展与培训提供更加有力的支持。

(二) 创新培训方式与方法

创新培训方式与方法，是加强学前教育教师专业发展与培训的核心举措之一。传统的培训方式往往过于单一，难以满足教师个性化、多样化的学习需求，因此，需要不断探索和创新培训方式与方法，以提高培训的吸引力和实效性。

创新培训方式意味着需要打破传统的教学框架，尝试采用更加灵活多样的培训形式。传统的集中授课模式虽然能够系统地传授知识，但往往缺乏互动性和实践性，难以满足教师的实际需求。因此，可以引入线上学习、工作坊、研讨会等多种方式，让教师根据自己的兴趣和时间安排，选择适合自己的学习方式。线上学习可以让教师随时随地获取学习资源，工作坊和研讨会则能够提供实践操作和深入研讨的机会，使教师能够在实际操作中提升能力，在交流研讨中碰撞思想。

创新培训方法要求在培训过程中注重激发教师的学习兴趣和主动性。传统的讲授式培训方法往往以教师为中心，缺乏互动和反馈，难以激发教师的学习热情。因此，可以尝试采用案例分析法、小组讨论法、角色扮演法等互动式培训方法，使教师能够积极参与到培训过程中来。案例分析法可以帮助教师从实际案例中汲取经验，提升解决问题的能力；小组讨论法则能够鼓励教师之间的交流与合作，共同分享经验和心得；角色扮演法则能够模拟真实的教学场景，让教师在模拟实践中提升教学技能。

创新培训方式与方法还需要关注培训内容的更新与拓展。随着学前教育领域的不断发展，新的教育理念、教学方法和技术不断涌现，需要将这些新的内容及时纳入培训中，确保教师能够跟上时代的步伐。同时，还需要关注教师的个体差异和发展需求，为他们提供个性化的培训内容和路径。例如，对于新手教师，可以提供基础知识和技能的培训；对于经验丰富的教师，可以提供更高层次的科研和创新能力培训。

在创新培训方式与方法的过程中，还需要注重培训效果的评估和反馈。通过对培训过程的观察和记录，可以了解教师的学习情况和进步程度，以便及时调整培训策略和方法。同时，还需要鼓励教师提供反馈意见，了解他们对培训方式和方法的看法和建议，以便不断优化和创新培训方式与方法。

创新培训方式与方法是加强学前教育教师专业发展与培训的重要途径。通过引入多样化的培训形式、采用互动式的培训方法、更新拓展培训内容以及注重培训效果的评估和反馈，可以有效提升教师的学习兴趣和主动性，促进他们的专业成长和发展。同时，还需要不断探索和实践，寻找更加适合教师的培训方式与方法，为他们的职业发展提供有力的支持。

(三) 建立个性化的培训机制

建立个性化的培训机制，是学前教育教师专业发展与培训工作中的一项重要任务。这种机制的建立，旨在满足教师不同发展阶段、不同教学风格和不同学习需求的个性化要求，提升培训的针对性和实效性，进而促进教师的专业成长和教育教学质量的提升。

建立个性化的培训机制需要深入了解每位教师的实际情况，包括教师的教育背景、教学经验、专业特长以及个人发展需求等方面。通过与教师进行深入交流和沟通，可以更好地了解他们的学习需求和职业发展规划，为制订个性化的培训方案提供有力的支持。

个性化的培训机制需要注重培训内容的个性化和差异化。不同的教师有不同的教学风格和特点，也有不同的专业发展方向和目标。因此，在培训内容的设置上，需要根据教师的个性化需求，提供多样化的课程选择和灵活的学习路径[1]。例如，对于希望提升教学技能的教师，可以提供有针对性的教学技巧培训和实践操作指导；对于希望进行科研探索的教师，可以提供科研方法培训和学术资源支持。

个性化的培训机制需要注重培训方式的灵活性和创新性。传统的集中授课式培训虽然有其优势，但往往难以满足教师的个性化学习需求。因此，可以结合线上学习、工作坊、导师制等多种培训方式，为教师提供更加灵活多样的学习选择。同时，还可以引入项目式学习、实践操作等创新性的培训方法，让教师在实践中学习、在反思中成长。

在建立个性化的培训机制的过程中，需要注重培训效果的评估和反馈。通过对培训过程的跟踪和评估，可以了解教师的学习情况和进步程度，为进一步优化培训方案提供依据。同时，还需要建立有效的反馈机

---

[1] 黄彦. 照明设计应用教学中的关键问题思考 [J]. 灯与照明, 2023, 47 (2): 14-16.

制,鼓励教师提出自己的意见和建议,以便不断改进和完善培训机制。

建立个性化的培训机制需要加强培训资源的整合和优化,包括教师资源的整合、课程资源的整合以及实践资源的整合等。通过整合优质的教师资源,可以为教师提供更加专业的指导和帮助;通过整合丰富的课程资源,可以为教师提供更加多样化的学习选择;通过整合实践资源,可以为教师提供更加真实的实践操作环境。

建立个性化的培训机制是加强学前教育教师专业发展与培训工作的必然要求。通过深入了解教师的实际情况、注重培训内容的个性化和差异化、采用灵活多样的培训方式、加强培训效果的评估和反馈以及整合优化培训资源等多方面的措施,可以为教师提供更加个性化、精准化的培训服务,促进他们的专业成长和教育教学质量的提升。同时,这种个性化的培训机制也有助于提升教师的职业满意度和归属感,增强他们的工作积极性和创造力,为学前教育事业的健康发展提供有力的支持。

(四) 加强实践环节的设计与实施

加强实践环节的设计与实施,是学前教育教师专业发展与培训中不可或缺的一环。实践环节的有效开展,不仅能够帮助教师将理论知识转化为实际教学能力,还能够提升教师的专业素养和实践经验,为其职业发展奠定坚实基础。因此,需要从多个方面入手,加强实践环节的设计与实施。

(1) 明确实践环节的目标与要求。实践环节的设计应紧密结合教师的实际需求和教学目标,明确教师需要在实践中掌握哪些技能和方法,以及达到什么样的水平。同时,还应根据教师的不同水平和特点,制订个性化的实践要求,确保每位教师都能在实践中获得成长和进步。

(2) 丰富实践形式与内容。实践环节的形式可以多种多样,如观摩教学、教学实习、课题研究等。这些形式可以相互补充,形成完整的实践体系。同时,实践内容也应具有针对性和实用性,紧密围绕学前教育领域的新理念、新方法和新技能，确保教师能够在实践中真正学到有用的东西。

（3）注重实践过程中的指导与反馈。实践环节不是教师单打独斗的过程，而是需要得到专业指导和及时反馈的过程。因此，需要安排经验丰富的导师或专家，对教师的实践过程进行指导和帮助，及时发现问题并提出改进意见。还应建立有效的反馈机制，让教师了解自己的实践成果和不足，以便及时调整和改进。

（4）创造实践机会与平台。实践环节的有效开展，需要得到足够的实践机会和平台的支持。可以通过与幼儿园建立合作关系，为教师提供教学实习和观摩教学的机会；可以组织教师参与课题研究或教育创新项目，为其提供实践锻炼的平台；还可以利用网络平台开展线上实践活动，方便教师随时随地进行实践学习。

同时，加强实践环节的实施还需要注意以下3点：

（1）确保实践环节与理论教学相衔接。实践环节不是孤立的，而是与理论教学相辅相成的。因此，在设计实践环节时，需要充分考虑其与理论教学的衔接点，确保两者能够相互促进、相互补充。

（2）注重实践环节的持续性与连贯性。实践环节不是一次性的活动，而是需要持续进行、不断深化的过程。因此，需要制订长期的实践计划，确保教师能够在不同阶段都有相应的实践机会和任务，形成连贯的实践体系。

（3）强化实践环节的效果评估与总结。实践环节的效果评估是检验其质量的重要手段。需要建立科学的评估标准和方法，对教师的实践成果进行全面、客观的评估。同时，还需要对实践环节进行总结和反思，总结经验教训，为今后的实践活动提供借鉴和参考。

加强实践环节的设计与实施对于提升学前教育教师的专业素养和教学能力具有重要意义。需要从明确目标与要求、丰富形式与内容、注重指导与反馈、创造机会与平台以及注意相关事项等多个方面入手,确保实践环节的有效开展,为教师的专业发展与培训提供有力支持。

(五) 完善评估与反馈机制

完善评估与反馈机制,是学前教育教师专业发展与培训工作中的一项至关重要的任务。这一机制的完善,旨在全面、准确地评估教师的培训效果,及时给予教师有针对性的反馈,从而帮助他们更好地认识自己的优点和不足,明确改进方向,进而提升教育教学水平。

完善评估与反馈机制需要建立一套科学、合理的评估标准。这些标准应该全面涵盖教师的专业知识、教学技能、教育实践以及职业道德等方面,确保评估结果能够真实反映教师的实际能力和表现。同时,评估标准还应该具有一定的灵活性和可操作性,以适应不同教师的发展水平和个性化需求。

评估过程需要注重多元化和客观性。多元化评估意味着需要采用多种评估方法和手段,如课堂观察、教学案例分析、学生评价、同行评审等,以获取更加全面、准确的评估信息。客观性则要求在评估过程中保持公正、公平的态度,避免主观偏见和人为因素的影响,确保评估结果的客观性和可靠性。

完善反馈机制是评估工作的关键环节。反馈应该具有针对性和建设性,能够直接指向教师在培训过程中的优点和不足,提出具体的改进建议和发展方向。同时,反馈还需要及时有效,确保教师能够在第一时间了解到自己的评估结果,从而及时调整教学策略和方法,提升教学效果。

在完善评估与反馈机制的过程中,还需要注重教师的参与性和自主性。教师应该成为评估与反馈机制的主体,积极参与到评估过程中来,对自己的教学行为和表现进行深刻的反思和总结。同时,还应该鼓励教师提出自己的意见和建议,以便不断完善和优化评估与反馈机制,使其更加符合教师的实际需求和发展规律。

完善评估与反馈机制还需要加强与其他环节的衔接与配合。例如，可以将评估结果作为教师职称评定、奖励激励等的重要依据，以激发教师参与培训的积极性；同时，还可以将反馈意见作为教师个性化培训方案调整的依据，以确保培训内容的针对性和实效性。

完善评估与反馈机制是加强学前教育教师专业发展与培训工作的重要一环。通过建立科学、合理的评估标准，采用多元化、客观化的评估方法，提供针对性、建设性的反馈意见，并加强教师的参与性和自主性，可以有效地提升教师的教育教学水平，促进他们的专业成长和发展。同时，这一机制的完善也有助于提升培训工作的质量和效果，为学前教育事业的健康发展提供有力的支持。因此，应该高度重视评估与反馈机制的完善工作，不断探索和实践更加科学、有效的评估与反馈方法，为教师的专业发展和教育教学质量的提升提供坚实的保障。

（六）建立长效的培训机制

建立长效的培训机制，是学前教育教师专业发展与培训工作的基石，也是提升教育教学质量、推动学前教育事业持续健康发展的重要保障。这一机制的建立，不仅要求有明确的培训目标、丰富多样的培训内容、灵活创新的培训方式，更需要构建一个持续稳定、有机循环的体系，以确保培训工作的长效性和实效性。

建立长效的培训机制需要明确培训目标，确保培训活动的针对性和有效性。培训目标应紧密结合学前教育领域的发展趋势和教师的实际需求，既关注教师的专业知识和技能提升，又注重教师的教育理念和教学方法的更新。同时，培训目标还应具有可操作性和可评估性，以便对培训效果进行及时跟踪和反馈。

长效的培训机制需要设计科学合理的培训内容，以满足教师不同发展阶段和个性化需求。培训内容应涵盖学前教育的各个方面，包括教育心理学、课程设计与实施、教学技巧与方法等。同时，培训内容还应关注最新的教育理念和研究成果，以确保教师能够跟上时代的步伐，不断提升自己的专业素养。

长效的培训机制还需要建立有效的激励机制，以激发教师参与培训的积极性。这包括物质激励和精神激励两个方面。物质激励可以通过设立奖学金、提供晋升机会等方式来实现；精神激励则可以通过表彰优秀学员、分享成功案例等方式来体现。通过激励机制的建立，可以让教师充分认识到参与培训的重要性，从而更加积极地投入培训活动。

建立长效的培训机制还需要加强培训效果的评估和反馈。通过对培训过程和结果的评估，可以了解教师的学习情况和进步程度，及时发现并解决问题。同时，还需要将评估结果及时反馈给教师，让他们了解自己的不足和改进方向，从而调整学习策略，提升学习效果。

建立长效的培训机制是学前教育教师专业发展与培训工作的必然要求。通过明确培训目标、设计科学合理的培训内容、采用灵活多样的培训方式、整合优化培训资源、建立有效的激励机制以及加强培训效果的评估和反馈等措施，可以构建一个持续稳定、有机循环的培训体系，为教师的专业发展和教育教学质量的提升提供有力保障。

（七）加强与社会资源的合作与共享

加强与社会资源的合作与共享，对于学前教育领域而言，具有深远的意义和重要性。社会资源的丰富性和多样性为学前教育提供了广阔的发展空间和无限的可能性，而加强合作与共享则能够最大限度地发挥这些资源的作用，促进学前教育的质量提升和内涵发展。

加强与社会资源的合作与共享，有助于丰富学前教育的教育内容和形式。社会资源包括各类教育机构、企事业单位、社区组织等，它们拥有不同的教育资源和优势，能够为学前教育提供丰富多样的教育内容和实践机会。通过与这些资源的合作，学前教育可以引入更多的创新元素和实践经验，使教育内容更加贴近实际、更加生动有趣，从而激发孩子们的学习兴趣和积极性。

加强与社会资源的合作与共享，有助于提升学前教育的师资水平和教育能力。社会资源中蕴含着大量优秀的教育人才和先进的教育理念，通过与这些资源的合作，学前教育可以吸引更多的优秀教师和教育专家参与到教育教学中，为孩子们提供更加优质的教育服务。同时，通过共享教育资源和教育经验，学前教育教师还可以不断提升自己的专业素养和教育能力，为孩子们的成长提供更好的支持和引导。

加强与社会资源的合作与共享，有助于推动学前教育的创新和发展。社会资源具有高度的灵活性和创新性，能够为学前教育提供源源不断的创新动力和发展思路。通过与这些资源的合作，学前教育可以不断探索新的教育模式和教学方法，推动教育教学的改革和创新。同时，社会资源还可以为学前教育提供实践平台和实验基地，使学前教育更加贴近社会、更加符合实际需求。

在加强与社会资源的合作与共享的过程中，还需要注重以下几点。首先，要明确合作的目标和定位，确保合作内容与学前教育的实际需求相契合。其次，要建立良好的沟通机制和协作关系，确保双方能够顺畅地交流和合作。最后，还要注重保护知识产权和隐私权等合法权益，避免合作过程中出现不必要的纠纷和冲突[1]。

加强与社会资源的合作与共享需要具备开放的心态和积极的行动。要主动走出校园，积极寻找和对接社会资源，建立长期稳定的合作关系。还

---

[1] 刘彩凤. 体育场馆冠名权属性特征研究［J］. 南京体育学院学报，2020，19（3）：8-14.

要积极学习和借鉴社会资源中的先进经验和做法,将其融入学前教育实践,不断提升教育教学的质量和水平。

并且,还需要加强与社会各界的沟通和交流,让更多的人了解学前教育、关注学前教育、支持学前教育。通过举办各种形式的交流活动、展示活动等,让社会各界更加深入地了解学前教育的价值和意义,从而为发展学前教育提供更多的支持和帮助。

加强与社会资源的合作与共享是学前教育领域发展的必然趋势和重要途径。通过丰富教育内容、提升师资水平、推动创新发展等方面的合作与共享,可以为学前教育注入新的活力和动力,推动其不断向前发展。同时,也需要以开放的心态和积极的行动去迎接这一挑战和机遇,为孩子们的成长创造更加美好的明天。

(八)强化政策支持与保障

强化政策支持与保障,是学前教育事业发展的重要基石,也是确保教师队伍建设、教育资源优化以及教育质量提升的关键环节。在当前社会背景下,政策支持与保障不仅关系到学前教育的普及与发展,更直接关系到每一个孩子的成长和未来。

强化政策支持与保障有助于提升学前教育的普及率。政府通过出台相关政策,如加大财政投入、减免税收、提供土地等,为学前教育的发展提供了有力的物质保障。这些政策的实施,使更多的幼儿园得以建立,使更多的孩子能够拥有享受到学前教育的机会。同时,政府还通过完善学前教育制度,确保学前教育的公平性和普及性,让每一个孩子都能享有平等的教育机会。

强化政策支持与保障有助于优化学前教育资源配置。政府通过制定相关政策,引导社会资源向学前教育领域倾斜,推动学前教育资源的均衡分布。这包括加大对农村地区和贫困地区的学前教育投入,改善这些地区的办学条件，提高教育质量。同时，政府还鼓励社会力量参与学前教育，通过公私合营、政府购买服务等方式，引入更多的优质教育资源，满足人民群众对学前教育的多样化需求。

强化政策支持与保障还有助于提升教师的社会地位和待遇。政府通过制定相关政策，提高教师的收入水平，改善教师的工作环境，增强教师的职业荣誉感和归属感。这不仅可以吸引更多的优秀人才投身学前教育事业，还可以激发教师的工作热情和创造力，推动学前教育的创新发展。

在强化政策支持与保障的过程中，还需注重政策的针对性和实效性。政策制定应紧密结合学前教育发展的实际情况，针对存在的问题和困难，提出切实可行的解决方案。同时，政策实施应注重监督和评估，确保政策落实到位，取得实效。

还需加强政策宣传和推广，让更多的人了解和支持学前教育事业。通过媒体宣传、社会活动等方式，普及学前教育的重要性，提高社会对学前教育的关注度。同时，还需加强与家长的沟通和交流，引导家长树立正确的教育观念，共同推动学前教育事业的发展。

强化政策支持与保障是学前教育事业发展的必然要求。通过加大财政投入、优化教育资源配置、提升教师待遇等措施，可以为学前教育事业的发展提供有力的支持和保障。同时，还需注重政策的针对性和实效性，加强政策宣传和推广，共同推动学前教育事业的繁荣和发展。相信在全社会的共同努力下，学前教育事业必将迎来更加美好的明天。而每一个孩子也将在这样的政策保障下，享受到更加优质、公平的学前教育，为他们的未来奠定坚实的基础。

加强学前教育教师的专业发展与培训需要从多个方面入手，包括明确培训目标与内容、创新培训方式与方法、建立个性化的培训机制、加强实践环节的设计与实施、完善评估与反馈机制、建立长效的培训机制、加强与社会资源的合作与共享以及强化政策支持与保障等。通过这些策略的实施，可以有效地提升学前教育教师的专业素养和教学能力，促进学前教育的质量提升和儿童全面发展。

第三节　跨学科合作与团队教学的重要性

随着现代科技的快速发展和知识领域的日益扩大，单一的学科知识已无法满足现代社会对人才培养的多元化需求。因此，跨学科合作与团队教学在高等教育中显得尤为重要。本节将从多个方面阐述跨学科合作与团队教学的重要性，以期引起广大教育工作者的关注和重视。

一、跨学科合作与团队教学的概念界定

在深入探讨教育领域的发展趋势时，对跨学科合作与团队教学概念的研究日益凸显。这两者并非孤立的概念，而是相互交织、相互促进的教育实践方式。为了更好地理解并应用这两个概念，有必要对其进行深入的概念界定。

跨学科合作，简言之，就是不同学科领域的专家学者或教育工作者通过共享资源、交流思想、合作研究等方式，共同解决某一问题或推动某一领域的发展。这种合作方式打破了传统学科之间的壁垒，促进了学科之间的交流与融合，有助于形成新的知识体系和解决复杂问题的新思路[1]。

在跨学科合作中，各个学科并不是简单地相加或并列，而是要通过深入的交流与碰撞，产生新的思想火花和研究成果。这需要参与者具备开放

---

[1] 王燕，傅亚琪. 高校协同创新模式研究——以广州高校为例 [J]. 科技创业月刊，2020，33（8）：15-18.

的心态、跨学科的视野和深厚的专业素养，能够跳出自己的学科框架，从更广阔的视角去审视问题、寻找答案。

团队教学，则是一种强调团队协作、共同参与的教学方式。它突破了传统教学中教师主导、学生被动接受的模式，鼓励教师和学生共同参与教学过程，通过合作、讨论、探究等方式，实现知识的共享和创造。

在团队教学中，教师不再是知识的唯一传授者，而是成为学生学习过程中的引导者和伙伴。学生也不再是被动的接受者，而是成为积极的参与者和创造者。这种教学方式有助于培养学生的合作能力、创新能力和批判性思维，提高他们解决问题的能力和综合素质。

跨学科合作与团队教学之间存在着紧密的联系。跨学科合作可以为团队教学提供丰富的资源和多样的视角，使得教学过程更加生动、有趣和富有启发性。而团队教学则可以为跨学科合作提供实践的平台和应用的场景，使得合作成果能够更好地转化为教学实践中的创新点和亮点。

跨学科合作与团队教学并非易事。它们需要教育工作者具备跨学科的视野和素养，能够跨越学科界限进行交流和合作；同时，也需要学校和教育机构提供相应的支持和保障，如建立跨学科的合作平台、提供团队教学的培训和指导等。

跨学科合作与团队教学是现代教育中两个重要的概念。它们不仅有助于推动学科之间的交流与融合，促进知识的创新和发展；还有助于改革传统的教学方式，提高教学的质量和效果。因此，应该积极探索和实践跨学科合作与团队教学的方式方法，为培养具有创新精神和实践能力的高素质人才做出更大的贡献。

在未来的教育实践中，跨学科合作与团队教学将继续发挥重要作用。我们也期待看到更多的教育工作者和研究者能够深入探索这两个领域的内涵和外延，不断丰富和完善其理论体系和实践方法，为推动我国教育事业的繁荣发展做出更大的贡献。

二、跨学科合作与团队教学的理论基础

跨学科合作与团队教学的理论基础，是建立在多个学科领域的理论框架之上的。这些理论不仅提供了深入理解跨学科合作与团队教学本质的视角，也为在实践中有效实施这一教学模式提供了坚实的支撑。

认知科学理论为跨学科合作与团队教学提供了心理学层面的解释。认知科学认为，人类的学习过程是复杂的，涉及信息的获取、加工、存储和应用等多个环节。跨学科合作通过不同学科之间的交流与碰撞，能够为学生提供更丰富的认知资源和多元化的认知视角，有助于促进学生认知结构的完善和认知能力的提升。同时，团队教学强调学生之间的合作与互动，通过共同解决问题、分享知识和经验，能够帮助学生建立更加深刻的认知联系，提高学习效果。

社会学理论为跨学科合作与团队教学提供了重要的理论支撑。社会学认为，人的行为和思维都受到社会环境和社会关系的影响。跨学科合作与团队教学通过打破学科界限、促进不同学科之间的交流与合作，有助于构建更加开放、包容和多元的社会文化环境。这种环境能够激发学生的创新精神和合作意识，培养他们的社会责任感和团队协作能力。同时，团队教学还能够帮助学生建立更加紧密的人际关系，提高他们的人际交往能力和社会适应能力。

教育学理论为跨学科合作与团队教学提供了重要的指导。教育学强调以学生为中心的教育理念，注重培养学生的综合素质和创新能力。跨学科合作与团队教学正是符合这一教育理念的教学模式。通过跨学科合作，学生能够接触到不同学科的知识和方法，拓宽自己的知识视野和思维方式；通过团队教学，学生能够在合作中发挥自己的特长和优势，培养自己的合

作能力和创新精神。这种教学模式不仅能够提高学生的学习效果，还能够为他们的未来发展奠定坚实的基础。

组织行为学理论为跨学科合作与团队教学提供了有益的启示。组织行为学关注团队的动力学和组织效能，强调团队成员之间的沟通与协作、领导风格与决策过程等因素对团队绩效的影响。在跨学科合作与团队教学中，教师作为团队的领导者，需要运用有效的领导策略，促进团队成员之间的沟通与协作，建立积极的团队氛围。同时，团队成员之间也需要相互信任、尊重和支持，共同为达成教学目标而努力。这些组织行为学的原理有助于更好地理解和管理跨学科合作与团队教学中的团队动态。

跨学科合作与团队教学的理论基础涵盖了认知科学、社会学、教育学和组织行为学等多个学科领域。这些理论不仅提供了深入理解这一教学模式的视角，也为有效实施提供了有力支撑。在未来的教育实践中，应该继续深化对这些理论的研究和应用，不断推动跨学科合作与团队教学的发展和创新。

三、跨学科合作与团队教学的实践意义

（一）拓宽学生的知识视野

拓宽学生的知识视野有助于他们形成全面的世界观。学生在学习过程中，如果仅仅局限于某一学科或领域，他们的思维就容易变得狭隘，难以形成对世界的全面认识。而通过拓宽知识视野，学生可以接触到不同学科、不同领域的知识，从而更加全面地了解世界的多样性和复杂性。这种全面的世界观有助于他们更好地适应社会的发展变化，更好地应对未来的挑战。

拓宽学生的知识视野有助于培养他们的创新思维。创新思维的产生往往来源于对不同领域知识的融合与碰撞。当学生接触到更多的知识和信息

时，他们的思维就会变得更加活跃，更容易产生新的想法和创意。这种创新思维对于培养学生的创造力、解决问题的能力以及未来的职业发展都具有重要意义。

拓宽学生的知识视野还有助于提高他们的综合素质。学生在拓宽知识视野的过程中，需要不断地学习、思考和实践，这不仅能够提高他们的知识水平，还能够锻炼他们的学习能力、沟通能力和团队协作能力等综合素质。这些素质的提升将有助于学生在未来的学习和工作中更好地发挥自己的潜力，实现自我价值。

如何拓宽学生的知识视野呢？首先，学校应该提供丰富多样的课程和资源，让学生有更多的选择和学习机会。除了传统的学科课程外，学校还可以开设跨学科课程、选修课程以及实践课程等，以满足学生不同的学习需求。其次，学校还可以利用现代科技手段，如在线教育平台、数字图书馆等，为学生提供更加便捷的学习资源。

教师应该鼓励学生多途径获取资讯，广泛涉猎各种知识。教师可以通过推荐阅读书目、组织阅读分享会等方式，引导学生积极阅读各类书籍，拓宽自己的知识视野。同时，教师还可以利用课堂时间，引导学生关注社会热点、科技前沿领域等的发展动态，让他们了解更多的社会现象和科技进展。

学校还可以积极开展各种课外活动和实践项目，让学生有机会亲身参与和体验不同领域的知识和技能❶。例如，可以组织学生参加科学竞赛、文化交流、社会实践等活动，让他们在实践中学习和成长❷。这些活动不仅能够拓宽学生的知识视野，还能够培养他们的实践能力和团队合作

---

❶ 边晓芳. "三全育人"理念下美育在服装设计专业教学中的融合探索［J］. 西部皮革, 2023, 45（12）: 22-24.

❷ 于艳丽. 基于"就业+素质目标"的中职英语教学改革分析［J］. 英语广场, 2023（24）: 130-133.

精神。

拓宽学生的知识视野是一项长期而艰巨的任务，需要学校、教师、学生以及社会各界的共同努力。通过提供丰富多样的课程和资源、鼓励学生广泛涉猎各种知识、积极开展课外活动和实践项目等方式，可以有效地拓宽学生的知识视野，为他们的未来发展奠定坚实的基础。同时，也应该认识到，拓宽知识视野不只是为了应对当前的学习需求，更是为了培养学生的终身学习能力和创新精神，使他们能够在未来的社会中不断发展和进步。

（二）提升学生的综合素质

跨学科合作与团队教学的教学方式，尤为注重学生的积极投入与协同学习。在这样的教学模式下，学生不仅是知识的接受者，更是学习的主动参与者与合作者。他们被要求展现出卓越的沟通、协调、创新和批判性思维等能力，以便在多样化的学术背景下更好地与他人协作并共同解决问题。

通过深入参与跨学科项目与团队活动，学生获得了锻炼自身综合素质的宝贵机会。他们学会了如何在不同学科的知识体系中找到共同点，进行知识的整合与创新；他们掌握了与他人有效沟通、协商和合作的技巧，增强了团队协作能力；他们在解决问题的过程中，学会了批判性思考，不再盲从，而是能够独立思考、理性分析。

这样的学习经历不仅提升了学生的社会适应能力，使他们能够更好地适应复杂多变的社会环境，还增强了他们的竞争力。在日益激烈的竞争中，具备跨学科知识、良好沟通能力和团队协作精神的学生更容易脱颖而出，实现个人的长远发展。

跨学科合作与团队教学在提升学生综合素质和社会适应能力方面发挥着举足轻重的作用，值得在教学实践中大力推广和应用。

(三) 促进教师的专业发展

跨学科合作与团队教学无疑对教师的专业素养和综合能力构成了新的挑战与机遇。在这种教学模式下,教师不仅需要保持自身知识结构的更新与拓展,更要掌握跨学科的知识与方法,以便更好地指导学生进行跨学科学习。同时,这也要求教师在教学水平和创新能力上不断自我提升,以应对日益复杂多变的教学需求。

跨学科合作不仅有助于教师之间的交流与互动,更是推动教师专业发展的重要途径。通过与其他学科教师的共同合作,教师可以相互学习、借鉴彼此的教学经验和教学方法,从而不断提升自己的教学水平和专业素养❶。此外,跨学科合作也有助于团队建设,增强教师之间的凝聚力和向心力,为学校的整体发展注入新的活力。

跨学科合作与团队教学不仅对学生的综合素质提升有着积极作用,也对教师的专业发展和团队建设具有重要意义。在实践中,应积极推动跨学科合作与团队教学的开展,为教师提供更多的培训与支持,激发他们的创新热情与合作精神,共同为学生的全面发展贡献力量。

(四) 推动学科交叉与融合

跨学科合作与团队教学在推动学科交叉与融合方面发挥着重要的作用,有助于促进不同学科之间的互补和共同进步。通过跨学科合作,教师们能够打破学科壁垒,共同探寻新的研究疆域与方向,从而推动学科的创新与发展。这种合作模式不仅能够丰富教学内容与方法,还能够拓宽学术视野,为学科发展注入新的活力。

跨学科合作能够促使不同学科的教师在教学方法、研究思路等方面进行深入交流与碰撞,产生新的思想与灵感。这种交流与碰撞有助于打破传

---

❶ 李伟达,李娟,李轩."机械设计"课程教学模式探索[J].教育教学论坛,2020(14):326-327.

统学科界限，促进学科之间的交叉与融合，形成新的学科增长点。同时，跨学科合作也能够推动教师们共同探索新的研究领域和方向，推动学科的创新与发展。

跨学科合作与团队教学不仅有助于提升学生的综合素质和创新能力，还能够推动学科的发展与进步，为学术界的繁荣做出积极贡献。应该进一步推广和应用这种教学模式，加强不同学科之间的交流与合作，共同推动学术事业的蓬勃发展。

四、跨学科合作与团队教学的实施策略

（一）建立跨学科合作机制

建立跨学科合作机制有助于推动学科间的交叉与融合。不同学科之间往往存在着潜在的联系和互补性，通过跨学科合作，可以将这些联系和互补性充分发挥出来，形成新的研究领域和方向。这种交叉与融合不仅能够丰富学科内涵，还能够拓宽学术视野，推动学科的创新与发展。同时，跨学科合作还能够促进不同学科之间的资源共享和优势互补，提高研究效率和成果质量。

建立跨学科合作机制有助于培养学生的综合素质和创新能力。跨学科合作强调学生的主动参与和合作学习，要求学生具备良好的沟通、协调、创新和批判等能力。通过参与跨学科项目和团队活动，学生可以接触到不同学科的知识和方法，锻炼自己的综合素质和创新能力。这种培养模式不仅能够提高学生的社会适应能力和竞争力，还能够为社会培养出更多具有创新精神和跨界思维的人才。

建立跨学科合作机制并非易事，需要克服诸多困难和挑战。首先，不同学科之间的文化差异和思维方式差异可能导致合作中的摩擦和冲突。为了克服这些困难，需要加强不同学科之间的交流与沟通，增进相互理解和

信任。其次,跨学科合作需要投入大量的人力、物力和财力资源,这对于一些资源有限的学校或机构来说可能是一个难题。因此,需要积极争取政府和社会各界的支持,为跨学科合作提供必要的资源和保障。

为了有效地建立跨学科合作机制,可以从以下几个方面入手。首先,建立跨学科研究平台或中心,为不同学科的教师和学生提供一个共同的研究和交流空间。这些平台或中心可以定期组织学术研讨会、项目合作等活动,促进不同学科之间的交流与合作。其次,加强跨学科课程建设和教学改革,将跨学科合作的理念和方法融入教学。通过开设跨学科课程、组织跨学科实践项目等方式,培养学生的跨学科思维和创新能力。此外,还可以建立跨学科团队或项目组,鼓励不同学科的教师和学生共同参与研究项目,共同解决复杂问题。

建立跨学科合作机制是一项具有深远意义的工作。它不仅能够推动学科间的交叉与融合,促进学科的创新与发展,还能够培养学生的综合素质和创新能力,为社会进步和国家发展注入新的活力。虽然面临诸多困难和挑战,但只要积极应对、勇于创新,就一定能够建立起一个高效、务实的跨学科合作机制,为教育事业的繁荣发展做出积极贡献。

(二) 构建团队教学模式

学校应积极探索团队教学模式,鼓励教师组成跨学科教学团队,共同承担某一课程的教学任务。在团队教学中,教师应明确各自的职责和任务,充分发挥各自的专业优势,形成互补效应。同时,教师应注重与学生的互动和沟通,关注学生的学习需求和反馈,及时调整教学策略和方法。

(三) 加强教师培训与考核

学校应加强对教师的跨学科培训和考核,提高教师的跨学科素养和教学能力。可以组织教师参加跨学科研讨会或进修课程,拓宽教师的知识视野和思维方式。同时,可以建立跨学科教学的考核机制,对教师的跨学科教学效果进行评价和奖励。

(四) 完善评价与反馈机制

跨学科合作与团队教学的实施需要建立完善的评价与反馈机制。学校应制订跨学科合作与团队教学的评价标准和方法，对合作过程和成果进行全面、客观的评价。同时，应注重听取学生的反馈意见，及时调整教学策略和方法，提高教学效果和学生的学习满意度。

五、跨学科合作与团队教学面临的挑战与对策

跨学科合作与团队教学作为现代教育的重要趋势，虽然带来了诸多优势，但在实施过程中也面临着诸多挑战。这些挑战不仅来自学科之间的差异和壁垒，还来自教师、学生以及教育环境等多个方面。为了有效应对这些挑战，需要深入分析问题，提出切实可行的对策。

跨学科合作面临的主要挑战之一是学科之间的差异和壁垒。不同学科有着不同的知识体系、研究方法和学术规范，这使得跨学科合作在初期阶段往往难以顺利开展。为了克服这一挑战，需要加强学科之间的交流与沟通，建立有效的合作机制。具体而言，可以通过举办跨学科研讨会、设立跨学科研究项目等方式，促进不同学科教师之间的合作与交流，打破学科壁垒，实现资源共享和优势互补。

团队教学实施过程中也面临着一些挑战。团队教学要求教师具备较高的专业素养和团队协作能力，以及具备引导学生参与、激发学生兴趣的能力。然而，目前许多教师习惯了传统的教学方式，对于团队教学的理念和方法还不够熟悉，这在一定程度上影响了团队教学的效果。为了应对这一挑战，需要加强对教师的培训和指导，提升他们的专业素养和团队协作能力。同时，还可以鼓励教师开展团队教学的研究与实践，积累经验和案例，为推广团队教学提供有力支持。

学生方面也是跨学科合作与团队教学面临的一个重要挑战。不同学科背景的学生在知识结构、思维方式等方面存在差异，这可能导致在团队合作过程中出现沟通障碍和合作困难。为了解决这个问题，需要加强对学生跨学科素养的培养，引导他们树立跨学科合作的意识，提升他们的团队协作能力和沟通能力。同时，还可以通过设置跨学科课程、开展跨学科实践活动等方式，为学生提供更多的跨学科学习和合作的机会。

教育环境也是影响跨学科合作与团队教学实施的一个重要因素。当前，许多学校和教育机构在跨学科合作与团队教学方面还存在政策支持不足、资源投入不够等问题。为了改善这一状况，需要加强对跨学科合作与团队教学的政策支持，制定相关政策和措施，为其实施提供有力保障。同时，还需要加大对跨学科合作与团队教学的资源投入，包括资金、设备、场地等方面的支持，为其的实施创造良好的条件。

跨学科合作与团队教学面临着多方面的挑战，但只要深入分析问题，提出切实可行的对策，就能够有效应对这些挑战，推动跨学科合作与团队教学的深入发展。在未来的教育实践中，应该不断探索和完善跨学科合作与团队教学的理念和方法，为培养具有创新精神和实践能力的高素质人才做出更大的贡献。同时，也需要加强对跨学科合作与团队教学的研究与评估，不断总结经验教训，为今后的实践提供有益的参考和借鉴。

第六章　学前教育的未来发展

第一节　学前教育的未来趋势与发展方向

学前教育，作为儿童成长的重要阶段，一直以来都受到广泛关注。随着社会的不断发展和科技的飞速进步，学前教育的未来趋势与发展方向也在发生深刻的变化。本节将从多个角度探讨学前教育的未来趋势与发展方向，以期为更好地理解和应对学前教育领域的变革提供参考。

一、学前教育的未来趋势

（一）个性化教育成为主流

在当今社会，随着教育理念的深刻变革和科技的飞速发展，个性化教育已经逐渐崭露头角，成为教育领域的主流趋势。这一趋势不仅反映了社会对个体发展的重视，也体现了对多元化、差异化教育需求的深刻认识。

个性化教育强调尊重每个孩子的独特性，关注他们的兴趣、特长和发展需求，以提供量身定制的教育方案。每个孩子都是独一无二的个体，他们拥有不同的潜能和成长路径。传统的"一刀切"教育模式往往无法满足这些多样化的需求，而个性化教育则能够弥补这一缺陷，为每个孩子提供更为精准、有效的教育支持。

个性化教育的核心理念在于"因材施教"。这意味着教育者需要根据每个孩子的特点和需求，制订个性化的教学计划，采用灵活多样的教学方法和手段，以激发他们的学习兴趣和积极性。通过个性化教育，孩子们可以在更加宽松、自由的学习环境中探索自我、发掘潜能，实现全面而有个性的发展。

同时，个性化教育也注重培养孩子的自主学习能力和创新精神。在个性化教育模式下，孩子们不再是被动接受知识的容器，成为了主动探索、积极实践的学习者。他们可以根据自己的兴趣和需求选择学习内容和学习方式[1]，通过实践、探究、合作等方式解决问题、获取知识。这种学习方式不仅能够提高孩子们的学习效果，还能够培养他们的创新精神和实践能力，为未来的成长和发展奠定坚实的基础。

当然，个性化教育的实施也面临着一些挑战和困难。例如，如何准确评估每个孩子的特点和需求、如何制订有效的个性化教学计划、如何保障教育资源的公平分配等问题都需要深入思考和探索。但是，随着科技的进步和教育理念的不断更新，我们有理由相信这些挑战将逐渐得到克服和解决。

个性化教育的发展也离不开家庭、学校和社会的共同努力。家庭是孩子们成长的摇篮，家长应该积极参与孩子的教育过程，了解他们的兴趣和需求，为他们提供必要的支持和帮助。学校作为教育的主要场所，应该为个性化教育的实施提供必要的条件和支持，如建设完善的教育设施、提供多样化的教育资源和课程选择等。社会也应该为个性化教育的发展创造良好的环境和氛围，如倡导多元化的教育理念、提供丰富的教育资源和机会等。

个性化教育成为主流是教育领域的必然趋势。它不仅能够满足社会对个体发展的需求，也能够促进孩子们全面而有个性的发展。虽然实施个性

---

[1] 李文英，王震. 技术增强学习环境中高校师生的角色转变与互动探赜［J］. 中国成人教育，2023（10）：54-60.

化教育面临着一些挑战和困难，但只要积极应对、不断探索和创新，就一定能够推动个性化教育发展取得更加显著的成果。

在未来的教育领域中，我们期待看到更多个性化的教育方案和实践案例的涌现，为孩子们的成长和发展注入更多的活力和动力。同时，也希望家长们能够积极参与孩子的教育过程，与学校和社会共同努力，为孩子们创造一个更加美好、更加个性化的教育环境。

（二）科技与教育深度融合

在当今数字化、信息化的时代背景下，学前教育科技与教育深度融合已成为教育领域不可忽视的重要趋势。这一融合不仅为学前教育带来了前所未有的发展机遇，也为儿童的成长与发展注入了新的活力。

学前教育科技与教育深度融合体现在教育资源的优化配置上。通过科技手段，可以将优质的教育资源进行数字化处理，实现资源共享，让每一个孩子都能享受到高质量的教育资源。无论是城市的繁华地带，还是偏远的乡村地区，孩子们都可以通过互联网等科技平台，接触到丰富多彩的学习内容，享受到平等的教育机会。

科技与教育深度融合有助于提升教学质量和效率。传统的学前教育方式往往依赖于教师的个人经验和教学能力，而科技的应用则为教师提供了更多的教学工具和手段。例如，智能教学系统可以根据每个孩子的特点和需求，提供个性化的教学方案，使教学更加精准、高效。同时，科技手段还可以帮助教师更好地观察、记录和分析幼儿的学习情况，为他们提供更加有针对性的指导和帮助[1]。

科技与学前教育深度融合也为儿童的学习体验带来了革命性的变化。孩子们可以通过互动式的科技产品，如智能玩具、电子绘本等，进行自主

---

[1] 张金荣. 借助生本课堂提高初中政治教学有效性的尝试[J]. 新课程研究，2022（21）：102-104.

学习和探索。这些产品不仅具有趣味性和互动性，还能激发孩子们的好奇心和求知欲，让他们在轻松愉快的氛围中掌握知识、发展能力。同时，科技手段还可以为孩子们创造更加逼真的学习场景，如虚拟现实技术可以让孩子们身临其境地感受不同的环境和情境，增强他们的学习体验和理解能力。

科技与教育的深度融合也面临着一些挑战和问题。首先，科技产品的选择和使用需要谨慎考虑，必须要确保其符合儿童的身心发展特点和教育需求。其次，教师需要具备相应的科技素养和教育能力，才能充分发挥科技在教育中的作用。此外，如何保障儿童在使用科技产品时的安全和健康也是需要关注的问题。

为了解决这些问题，需要采取一系列有效的措施。首先，政府和社会应该加大对学前教育科技投入的支持力度，推动优质科技产品的研发和推广。其次，加强教师培训和教育，提高他们的科技素养和教育能力，使他们能够更好地运用科技手段进行教学。同时，还需要建立健全的监管机制，确保科技产品在学前教育中的安全性和有效性。

学前教育科技与教育深度融合是教育领域的一大趋势，它将为学前教育带来更加广阔的发展空间和更加丰富的教育资源。我们应该积极拥抱这一变化，加强科技与教育的融合创新，为儿童的成长与发展创造更加优质的教育环境。同时，也需要关注并解决融合过程中出现的问题和挑战，确保科技在学前教育中的健康、可持续发展。

（三）家园共育成为重要模式

在当今社会，随着教育理念的不断更新和家庭教育意识的提升，学前教育家园共育已经成为一种重要的教育模式。这种模式的出现，不仅反映了社会对幼儿教育的重视，也体现了家长和学校在儿童教育中扮演的重要角色。

学前教育的家园共育强调家庭与学校之间的紧密合作与共同育人。家庭是幼儿成长的第一课堂，家长是孩子的第一任老师。在幼儿教育中，家庭的作用不可忽视。而学校作为专业的教育机构，拥有丰富的教育资源和专业的教育团队，能够为幼儿提供更加系统、全面的教育。因此，将家庭与学校的力量结合起来，形成家园共育的模式，能够更好地促进儿童的全面发展。

家园共育模式的实施，需要家长和学校的共同努力和配合。家长需要积极参与孩子的教育过程，关注孩子的成长需求，与学校保持良好的沟通与合作。学校则需要为家长提供必要的支持和帮助，如定期举办家长会、开展家长培训等活动，增强家长的教育意识和能力。同时，学校还需要建立完善的家园共育机制，明确双方在儿童教育中的职责和作用，确保家园共育的顺利进行。

家园共育模式的优势在于能够充分发挥家庭和学校的教育功能，形成教育合力。在家庭教育中，家长可以通过日常生活的点滴细节，培养孩子的品德、习惯和情感；在学校教育中，教师可以通过专业的知识和技能，引导孩子认知世界、掌握知识和技能。通过家园共育，两者可以相互补充、相互促进，使儿童得到更加全面、均衡的发展。

家园共育模式还有助于增强家长与学校之间的信任和理解。通过共同参与孩子的教育过程，家长可以更加深入地了解学校的教育理念、教学方法和教育成果，从而增强对学校的信任和支持。同时，学校也可以更加了解家长的需求和期望，为家长提供更加贴心、个性化的服务。这种相互理解和信任的关系，有助于形成良好的教育氛围，为儿童的成长提供更加有利的条件。

家园共育模式的实施也面临着一些挑战和困难。例如，家长的教育观念和教育方法可能存在差异，需要学校进行引导和协调；同时，学校和家长之间的沟通和合作也可能存在障碍，需要双方共同努力克服。为了解决这些问题，可以采取一些有效的措施，如加强家长教育、提高教师的专业素养、建立有效的沟通机制等，以促进家园共育的顺利实施。

学前教育家园共育已经成为一种重要的教育模式，它强调家庭与学校之间的紧密合作与共同育人，能够更好地促进儿童的全面发展。虽然实施家园共育模式面临着一些挑战和困难，但只要采取有效的措施加以解决，就一定能够发挥出它的最大优势，为儿童的成长和发展创造更加有利的条件。在未来的学前教育中，应该进一步推广和完善家园共育模式，让更多的幼儿受益于这种优质的教育模式。

二、学前教育的发展方向

（一）注重培养创新能力和实践能力

创新能力是孩子未来发展的核心竞争力。学前教育阶段是孩子大脑发育最为迅速的时期，也是创造力最为旺盛的时期。因此，学前教育应该注重激发孩子的创造力和想象力，鼓励他们敢于尝试、勇于探索。教师可以通过设计富有创意的教学活动，如手工制作、绘画、音乐等，引导孩子发挥想象力，创造出属于自己的作品。同时，教师还可以引导孩子观察生活、发现问题，并尝试用自己的方式解决问题，从而培养他们的创新思维和解决问题的能力。

实践能力是孩子将所学知识应用于实际生活中的能力。学前教育应该注重培养孩子的动手能力和实际操作能力，让他们在实践中学习和成长。教师可以通过组织各种实践活动，如户外探险、社会实践、角色扮演等，让孩子亲身参与、亲身体验，从而加深他们对知识的理解和记忆。同时，教师还可以引导孩子参与家庭和社会生活，让他们学会独立生活、自我管理，培养他们的责任感和独立意识。

在培养创新能力和实践能力的过程中，学前教育还需要注重以下3个方面：

一是注重个体差异。每个孩子都是独一无二的，他们具有不同的兴趣、特长和发展潜力。因此，学前教育应该尊重孩子的个体差异，关注他们的个性化需求，为每个孩子提供量身定制的教育方案。教师可以通过观察和评估孩子的发展水平，制订个性化的教学计划，采用灵活多样的教学方法和手段，以满足孩子的不同需求。

二是加强家园合作。家庭是孩子成长的重要场所，家长是孩子最亲密的伙伴和引路人。学前教育应该加强与家庭的合作，共同培养孩子的创新能力和实践能力。教师可以通过家长会、亲子活动等方式，与家长沟通交流，了解孩子的家庭环境和成长经历，共同制订教育计划，促进家园共育。

三是营造宽松自由的学习环境。创新能力和实践能力的培养需要一个宽松自由的学习环境。学前教育应该注重为孩子营造一个积极向上、开放包容的学习氛围，让他们敢于表达自己的想法和观点，敢于尝试新的事物和方式。教师可以通过鼓励孩子提问、发表意见、参与讨论等方式，激发他们的学习热情和探究欲望，培养他们的自主学习能力和创新精神。

学前教育注重培养创新能力和实践能力是时代发展的必然趋势。应该以更加开放的心态和创新的理念，引导孩子发掘自身的潜力和优势，让他们在快乐成长的同时，也为未来的社会做出更大的贡献。同时，也需要不断探索和实践新的教育方法和手段，为学前教育的发展注入新的活力和动力。

（二）强化情感教育和道德教育

情感教育在学前教育中具有不可忽视的作用。幼儿期是孩子们情感发展的关键时期，他们的情感表达、情感认知和情感调节能力都在这一时期得到初步发展。因此，学前教育应当注重培养孩子们积极健康的情感，帮助他们建立自信、乐观、善良等良好的情感品质。通过情感教育，孩子们可以学会理解自己和他人的情感，学会用合适的方式表达自己的情感，学会在人际交往中建立和谐的关系。

道德教育同样是学前教育不可或缺的一部分。幼儿期是孩子们道德观念形成的关键时期，他们的道德认知、道德情感和道德行为都在这一时期得到初步塑造。因此，学前教育应当注重培养孩子们的道德品质，引导他们树立正确的道德观念，养成良好的道德行为习惯。通过道德教育，孩子们可以学会尊重他人、关心他人、诚实守信等基本的道德准则，为他们未来的成长和发展奠定坚实的道德基础[1]。

在强化情感教育和道德教育的过程中，学前教育需要采取一系列有效的措施。首先，教师应当以身作则，用自己的言行示范良好的情感和道德行为，成为孩子们学习的榜样。其次，教师可以通过丰富多彩的教育活动，如角色扮演、故事讲述、互动游戏等，引导孩子们积极参与其中，体验情感和道德的力量。同时，教师还可以结合日常生活中的点滴细节，对孩子们进行情感和道德方面的教育和引导，帮助他们养成良好的情感和道德习惯。

学前教育还需要注重与家庭教育的衔接和配合。家庭是孩子们情感教育和道德教育的重要场所，家长是孩子们情感和道德发展的重要影响者。因此，学前教育应当与家庭教育形成合力，共同推动孩子们情感和道德的发展。教师可以通过家长会、家访等方式与家长保持密切联系，了解孩子们在家庭中的情感表现和道德行为，与家长共同制订教育计划，形成教育合力。

---

[1] 万悦."三位一体"中学生德育模式问题研究［J］. 学周刊，2022（26）：157-159.

强化情感教育和道德教育并不意味着忽视其他方面的教育。学前教育应当是一个全面发展的过程，注重培养孩子们的各方面能力。在强化情感教育和道德教育的同时，也应当注重知识教育、技能教育等方面的培养，使孩子们在各方面都得到均衡发展。

学前教育对强化情感教育和道德教育具有重要意义。它不仅能够促进孩子们个人成长和发展，还能够为未来社会和谐稳定打下坚实基础。因此，应当高度重视学前教育的情感教育和道德教育，为孩子们创造一个温馨、和谐、充满爱的成长环境。

（三）加强师资队伍建设

加强师资队伍建设，首先要注重教师专业素养的提升。学前教育涉及的知识领域广泛，包括语言、数学、科学、艺术等多个方面，因此，教师需要具备全面的专业知识和教育教学能力。同时，随着教育理念的更新和教育方法的创新，教师还需要不断学习新的教育理念和教学技巧，以适应时代发展的需要。为此，学前教育机构应定期组织教师参加专业培训和学习活动，提供丰富的学习资源和交流平台，帮助教师不断提升专业素养和教育教学能力。

加强师资队伍建设需要重视师德师风的培养。师德师风是教师职业道德和行为规范的重要体现，是教育工作的灵魂。学前教育机构的教师应该具备高尚的道德品质，关心爱护每一个孩子，以身作则，为孩子树立良好的榜样。同时，教师还应注重个人修养和形象塑造，做到言行一致，言传身教，以自身的言行感染和影响孩子。学前教育机构可以通过制定师德师风规范，加强师德师风教育和监督，确保教师队伍具备高尚的道德品质和良好的行为规范。

加强师资队伍建设还应关注教师的激励机制和职业发展。教师是教育工作的主体，他们的积极性和创造性是教育发展的关键。学前教育机构应建立科学合理的激励机制，通过物质和精神层面的奖励，激发教师的工作热情和创造力。同时，机构还应为教师提供广阔的职业发展空间，鼓励教师参与课题研究、学术交流等活动，提升教师的学术水平和影响力。这样不仅可以增强教师的归属感和成就感，还可以吸引更多优秀人才加入学前教育队伍。

在加强师资队伍建设的过程中，学前教育机构还应注重团队合作和集体荣誉感的培养。教师队伍是一个整体，需要相互配合、共同协作才能完成教育任务。学前教育机构应定期组织团队建设活动，增强教师之间的沟通和合作能力，形成积极向上的团队氛围。同时，机构还应注重集体荣誉感的培养，让教师们意识到自己的工作是整个团队的一部分，每个人的努力都会为团队的发展作出贡献。

加强师资队伍建设还需要关注教师的心理健康和福利待遇。教师是教育工作的承担者，他们的工作压力较大，需要得到足够的关心和支持。学前教育机构应关注教师的心理健康状况，提供必要的心理辅导和帮助，减轻教师的工作压力。同时，机构还应改善教师的福利待遇，提高教师的社会地位和待遇水平，增强教师的职业认同感和幸福感。

加强师资队伍建设是学前教育发展的重要任务。学前教育机构应注重教师专业素养的提升、师德师风培养、激励机制和职业发展、团队合作和集体荣誉感培养以及心理健康和福利待遇改善等方面的工作，为孩子们提供更加优质的教育服务。

（四）构建多元化的教育评价体系

多元化的教育评价体系强调评价内容的多样性。在学前教育阶段，孩子的成长涉及多个方面，包括认知、情感、社交、身体等多个领域。因此，评价体系应涵盖这些方面的内容，以全面了解孩子的成长状况。同时，评价内容还应根据孩子的年龄特点和个体差异进行适当调整，确保评价的针对性和有效性。

多元化的教育评价体系注重评价方法的多元化。除了传统的观察、测试等方法外，还应引入更多现代化的评价方式，如问卷调查、作品展示、成长记录等。这些方法能够更全面地反映孩子的成长轨迹和个性特点，使评价更加客观、准确。此外，评价方法的多元化还能激发孩子的参与热情，提高评价的实效性。

在构建多元化的教育评价体系时，还需注重评价主体的多元化。教师、家长、孩子自身都应成为评价的主体，共同参与评价过程。教师的评价能够提供专业的视角和建议，家长的评价能够反映孩子在家庭环境中的表现，孩子的自我评价则有助于培养他们的自我认知和自我管理能力。这种多元化的评价主体能够使评价更加全面、公正，也能增强孩子、家长和教师之间的沟通与互动。

此外，构建多元化的教育评价体系还需关注教育评价的反馈与改进。评价不是目的，而是手段。通过评价，能够了解孩子的成长状况，发现教育中存在的问题和不足，进而进行有针对性的改进。因此，评价体系应建立有效的反馈机制，及时将评价结果反馈给教师、家长和孩子，引导他们根据评价结果调整教育策略和方法。同时，评价体系还应定期进行自我反思和改进，不断完善评价内容和方法，确保其适应孩子成长的需求和教育发展的趋势。

在实施多元化的教育评价体系时，还需注重平衡性与灵活性。平衡性意味着评价体系应兼顾各个方面的发展，避免过分强调某一方面的评价而忽视其他方面。灵活性则是指评价体系应具有一定的弹性和适应性，能够根据不同孩子和不同情境进行适当调整。这样既能保证评价的全面性和客观性，又能满足不同孩子的个性化需求。

总之，构建多元化的教育评价体系是学前教育发展的重要趋势。它有助于更全面地了解孩子的成长状况，提供更有针对性的教育建议，促进孩子的全面发展。同时，这也对教师、家长和孩子提出了更高的要求，需要共同努力，不断完善和优化评价体系，为孩子的成长创造更好的条件。

三、面临的挑战与应对策略

学前教育面临着教育资源不均衡的挑战。由于地区经济发展的差异和城乡差距的存在，学前教育的资源配置存在明显的不均衡现象。一些地区的学前教育机构设施完善、师资力量雄厚，而另一些地区则面临着设施简陋、师资匮乏的问题。这种不均衡导致了学前教育的质量差异，使得部分孩子无法接受到优质的学前教育。

针对这一挑战，需要制订以下应对策略：①加大政府对学前教育的投入，提高学前教育的普及率和质量；②加强师资培训，提升教师的专业素养和教育能力；③推动城乡学前教育均衡发展，缩小地区间的教育差距。

学前教育还面临着教育理念落后的问题。传统的学前教育理念往往注重知识的灌输和技能的训练[1]，而忽视了孩子的个性发展和兴趣培养。这种教育理念已经无法满足现代社会的需求，也无法适应孩子的成长规律。

为了应对这一挑战，需要及时更新教育理念，注重培养孩子的综合素质和创新能力。学前教育应该注重激发孩子的兴趣和好奇心，引导他们主动探索和学习。同时，还需要加强家园合作，共同推动学前教育理念的创新和发展。

学前教育还面临着家长参与度不高的挑战。家长是孩子的第一任教育者，他们的参与和配合对于孩子的成长至关重要。然而，由于工作繁忙、教育观念差异等原因，部分家长对学前教育的参与度不高，甚至存在误解

---

[1] 姚水清. 初中英语阅读教学中学生思维品质的培养［J］. 当代家庭教育，2023（15）：230-233.

和忽视的现象。

为了应对这一挑战,需要加强对家长的教育,提高他们对学前教育的认识和重视程度。学前教育机构可以通过家长会、亲子活动等方式加强与家长的沟通和交流,让家长了解学前教育的目的和方法,引导他们积极参与孩子的教育过程。同时,还需要建立有效的家长反馈机制,及时了解家长的需求和建议,不断提升学前教育的服务质量和效果。

学前教育还面临着师资队伍不稳定的挑战。教师是学前教育的核心力量,他们的稳定性和专业素养直接影响到学前教育的质量。然而,由于待遇不高、工作压力大等原因,部分学前教育教师存在流失和转岗的现象,导致师资队伍的不稳定。

为了应对这一挑战,需要提高教师的待遇和地位,增强他们的职业荣誉感和归属感。同时,还需要加强教师的职业培训和发展,提升他们的专业素养和教育能力。此外,建立合理的激励机制和评价体系也是稳定师资队伍的关键措施之一。

学前教育面临着诸多挑战,但只要制订有效的应对策略并付诸实践,就一定能够克服这些困难,为孩子们的成长创造更好的条件和环境。

学前教育的未来趋势与发展方向是充满挑战与机遇的。需要不断创新教育理念和方法,加强师资队伍建设,优化教育资源配置,以应对未来的挑战。同时,也需要关注家长和社会的需求与期望,为他们提供更加优质、高效、个性化的学前教育服务。相信在全社会的共同努力下,学前教育的未来将更加美好。

第二节 推动学前教育改革的政策与举措

学前教育作为国民教育体系的重要组成部分,对于儿童的身心健康发展、社会适应能力的提升以及终身学习能力的形成具有举足轻重的意义。然而，长期以来，学前教育在我国教育体系中相对滞后，面临着诸多问题和挑战。为了促进学前教育的健康发展，政府和社会各界纷纷出台了一系列推动学前教育改革的政策与举措。本节将对这些政策与举措进行深入分析，并探讨其对于学前教育发展的积极作用。

一、政策背景与目标

随着社会的快速发展和教育理念的更新，学前教育逐渐受到越来越多的关注。政府认识到学前教育对于儿童成长的重要性，以及当前学前教育存在的问题和不足，因此，出台了一系列政策来推动学前教育的改革与发展。这些政策的总体目标是提高学前教育的普及率、优化学前教育资源配置、提升学前教育的质量和效益，为儿童的全面发展奠定坚实基础。

二、政策与举措分析

（一）加大政府投入，提高学前教育普及率

政府加大投入是提高学前教育普及率的关键所在。学前教育的普及离不开充足的资金投入，这包括幼儿园的建设、教育设备的购置、师资力量的培养等多个方面。政府作为公共服务的提供者，应当承担起学前教育投入的主体责任。通过增加财政拨款、设立专项基金等方式，为学前教育提供稳定的资金来源，确保其正常运行和持续发展。同时，政府还可以通过政策引导，鼓励社会资本进入学前教育领域，形成多元化的投入机制，共同推动学前教育的普及和发展。

提高学前教育普及率需要政府从多个方面入手。一方面，政府应当加强对学前教育的规划和布局，确保学前教育资源的合理配置。在城乡之间、地区之间，应当根据人口分布、经济发展等因素，科学规划幼儿园的

布局和数量,以满足不同区域儿童对学前教育的需求。另一方面,政府应当加强对学前教育的监管和评估,确保教育质量和安全。通过制定严格的教育标准和质量监测体系,对学前教育机构进行定期评估和检查,确保其符合教育要求和安全标准,为儿童提供一个良好的学习和成长环境。

政府还可以通过一系列政策措施,促进学前教育的普及。例如,可以实行学前教育免费或补贴政策,减轻家庭的经济负担,让更多的儿童能够享受到学前教育服务。同时,政府还可以加大对农村和贫困地区学前教育的支持力度,通过设立专项资金、实施定向招生等措施,提高这些地区的学前教育普及率。此外,政府还可以推动学前教育与义务教育的有效衔接,确保儿童在接受完学前教育后能够顺利过渡到小学阶段的学习。

在加大政府投入的同时,还需要关注如何提高学前教育的质量。政府应当加强对学前教育师资的培养和管理,提高教师的专业素养和教育能力。通过制订教师培训计划、建立教师评价体系等方式,激励教师不断更新教育观念和方法,提高教学质量。此外,政府还应当加强对学前教育课程的研究和开发,推动课程的创新和改革,以满足儿童全面发展的需要。

(二) 优化学前教育资源配置,促进均衡发展

优化学前教育资源配置,首先要确保资源的充足性。政府应加大对学前教育的投入力度,增加公办幼儿园的数量和规模,同时鼓励和支持社会力量兴办幼儿园,形成公办与民办共同发展的格局。此外,还应加强对学前教育师资的培养和引进,提高教师的专业素养和教育水平,确保学前教育的师资力量充足、优质。

在优化资源配置的过程中,还需要关注资源的均衡性。当前,学前教育资源在城乡、区域之间的分布存在明显的不均衡现象。政府应加大对农

村和偏远地区学前教育的支持力度，通过加大财政投入、建设标准化幼儿园、实施教师轮岗制度等措施，缩小城乡之间的教育差距。同时，还应加强区域之间的合作与交流，推动学前教育资源的共享与互补，实现区域之间的均衡发展。

除了充足性和均衡性，优化学前教育资源配置还需要注重资源的高效利用。政府应加强对学前教育机构的监管和评估，确保其教育质量和安全符合标准。同时，还应推动学前教育机构之间的合作与竞争，通过引入市场机制，提高资源的配置和使用效率。此外，还可以利用信息化手段，推动学前教育资源的数字化和网络化，方便家长和儿童获取优质的教育资源。

在优化资源配置的基础上，促进学前教育的均衡发展是最终目标。均衡发展不仅要求学前教育的硬件条件达到均衡，更要求教育质量和教育机会上的均衡。政府应加强对学前教育的质量监测和评估，建立科学的评价体系和标准，确保每所幼儿园都能提供高质量的教育服务。同时，还应关注特殊儿童群体的教育需求，通过实施特殊教育计划、提供个性化教育服务等方式，保障他们的受教育权利。

此外，促进学前教育的均衡发展还需要社会各界的共同参与和努力。家长应积极参与学前教育机构的管理和监督，为孩子的成长提供良好的家庭环境和社会支持。教育部门应加强与相关部门的协调与配合，合力推动学前教育的改革与发展。同时，媒体和社会组织也应积极宣传学前教育的重要性和意义，提高公众对学前教育的关注度和支持度。

优化学前教育资源配置、促进学前教育均衡发展是一项长期而艰巨的任务。政府、社会、家庭等各方应共同努力，合力推动学前教育的改革与发展。只有这样，才能够为儿童提供一个更加公平、优质的教育环境，为他们的未来奠定坚实的基础。同时，也需要不断总结经验、创新思路，不断完善学前教育资源配置和均衡发展的政策措施，为学前教育的持续发展注入新的活力和动力。

（三）加强师资队伍建设，提升教师素质

加强师资队伍建设，首先，要从源头上保证教师的质量。这意味着需要加强对学前教育专业的建设和改革，确保培养出的教师具备扎实的专业知识、丰富的教育实践经验以及良好的教育情怀。其次，还应建立完善的教师准入机制，通过严格的选拔和考核，确保每一位进入学前教育领域的教师都具备合格的教育素养和职业道德。

在提升教师素质方面，需要注重教师的在职培训和继续教育。随着教育理念的不断更新和教育技术的快速发展，教师需要不断更新自己的知识体系和教学方法，以适应新的教育需求。因此，应定期举办各类培训活动，邀请专家学者讲座和指导，帮助教师掌握最新的教育理念和教学方法。同时，还应鼓励教师积极参与学术研究和实践探索，通过反思和总结自己的教育经验，不断提升自己的教育水平和专业素养。

除了专业知识和技能的提升，还应关注教师的师德师风建设。师德是教师的灵魂，是教育工作的根本。应加强对教师的职业道德教育，引导教师树立正确的教育观、儿童观和师生观，以爱心、耐心和责任心对待每一位儿童。同时，还应建立完善的师德考核机制，对教师的师德表现进行定期评价和反馈，确保教师队伍的整体素质得到不断提升。

在加强师资队伍建设的过程中，还应注重激发教师的积极性和创新精神。教师作为教育工作的主体，他们的积极性和创新精神是推动学前教育改革和发展的重要动力。因此，应建立健全的激励机制，通过表彰先进、奖励优秀等方式，激发教师的工作热情和创造力。同时，还应为教师提供充分的发展空间和平台，鼓励他们积极参与课程改革和教学实践，为学前教育的创新发展贡献智慧和力量。

加强师资队伍建设还需要社会各界的支持和参与[1]。政府应加大对学前教育的投入力度,为教师的培训和发展提供必要的经费和保障。同时,还应加强与社会各界的合作与交流,吸引更多的优秀人才投身学前教育事业[2]。家长和社会各界也应关注和支持学前教育的发展,为教师的成长和进步创造良好的社会环境和舆论氛围。

加强师资队伍建设、提升教师素质是学前教育发展的重要保障。应从源头上保证教师的质量,加强对教师的在职培训和继续教育,注重师德师风建设,激发教师的积极性和创新性,并争取社会各界的支持和参与。只有这样,才能打造一支高素质、专业化的学前教育教师队伍,为儿童的健康成长和未来发展提供坚实的保障。

(四) 推进课程改革,注重儿童全面发展

学前教育推进课程改革,意味着对传统教育模式的革新与超越。传统的学前教育往往过于注重知识的灌输,忽视了儿童的兴趣和个性发展。而现代的课程改革则强调以儿童为中心,注重培养他们的创新精神和实践能力。通过引入多元化的教学内容和方法,如游戏化教学、项目式学习等,激发儿童的好奇心和探索欲望,让他们在轻松愉快的氛围中全面发展。

在推进课程改革的过程中,需要关注儿童的全面发展。全面发展不仅包括智力的提升,还包括情感、社交、身体等多方面的培养。因此,学前教育课程改革应注重以下6个方面:

(1) 要关注儿童的认知发展。通过设计富有启发性的教学活动,引导儿童主动探索、发现新知识,培养他们的思维能力和解决问题的能力。

---

[1] 杨卫安,岳丹丹. "十四五"我国学前教育发展目标规划研究 [J]. 教育研究, 2020, 41 (5): 74-85.
[2] 李萍,熊淑萍. 深化学前教育政策研究 [J]. 教育教学论坛, 2023 (23): 33-36.

同时，还要注重培养儿童的创造力和想象力，鼓励他们勇于尝试、敢于创新。

（2）要重视儿童的情感教育。情感教育是儿童全面发展的重要组成部分，它关系到儿童的人格形成和心理健康。学前教育应通过丰富的情感体验活动，帮助儿童建立积极的情感态度和良好的人际关系，培养他们的同理心和合作精神。

（3）要注重儿童的社交能力培养。学前教育是儿童社交技能形成的关键时期，通过组织各种集体活动，让儿童学会与他人合作、分享、沟通，培养他们的团队协作精神和社交能力。

（4）不能忽视儿童的身体发展。身体是革命的本钱，儿童时期的身体锻炼对于他们的健康成长至关重要。学前教育应合理安排体育活动，让儿童在运动中锻炼身体、增强体质，为未来的学习和生活打下坚实的基础。

（5）要关注教师的角色转变。教师是课程改革的重要推动者，他们的教育观念和教学能力直接影响到课程改革的效果。因此，需要加强对教师的培训和教育，帮助他们更新教育观念，提升教学能力，使他们能够更好地适应课程改革的需求。

（6）要加强家园合作，形成教育合力。家长是儿童成长的第一任教师，他们的教育观念和方式对于儿童的全面发展具有重要影响。学前教育机构应加强与家长的沟通和合作，共同关注儿童的成长需求，为儿童提供一个良好的教育环境。

总之，学前教育推进课程改革、注重儿童全面发展是一项长期而艰巨的任务。需要从多个方面入手，不断创新教育理念和教学方法，为儿童的全面发展提供有力的支持。只有这样，才能培养出更多具有创新精神和实践能力的未来社会栋梁。

三、政策与举措的积极作用

（一）提高学前教育普及率，促进教育公平

提高学前教育普及率，意味着要确保更多的儿童能够接受到优质的学前教育。当前，由于城乡差距、家庭经济条件等多种因素的影响，很多儿童在学前教育阶段就面临着不公平的待遇。一些地区的学前教育资源匮乏，甚至无法满足基本的教育需求；而一些家庭由于经济原因，无法为孩子提供足够的学前教育支持。因此，需要从多个方面入手，提高学前教育的普及率。

政府应加大对学前教育的投入力度，增加公办幼儿园的数量和规模，提高学前教育的公共性和普惠性。同时，政府还应制定相关政策，鼓励和支持社会力量兴办幼儿园，形成公办与民办共同发展的格局。此外，还应加强学前教育的宣传和推广，提高家长对学前教育重要性的认识，引导他们积极参与和支持学前教育的发展。

在提高学前教育普及率的同时，还应注重教育公平的实现。教育公平是社会公平的重要体现，也是构建和谐社会的基础。在学前教育阶段，应努力消除因城乡差距、家庭经济条件等导致的教育不公平现象。

为了实现教育公平，需要建立健全的学前教育资源分配机制。政府应加强对学前教育资源的统筹规划和合理分配，确保每个地区、每个家庭都能够享受到公平的教育资源。同时，还应加强对学前教育的监管和评估，确保每所幼儿园都能够提供符合标准的教育服务，保障每个儿童的受教育权益。

此外，还应关注特殊群体的教育需求。对于家庭经济困难、身体残疾等的儿童，应制定专门的政策，提供有针对性的教育支持和帮助，确保他们能够接受到与其他儿童同等的教育。

提高学前教育普及率、促进教育公平，不仅关乎儿童的未来，也关乎整个社会的进步和发展。只有让每个儿童都能够接受到公平、优质的学前教育，才能够培养出更多具有创新精神和实践能力的人才，为国家的繁荣富强和社会的和谐稳定奠定坚实的基础。

提高学前教育普及率、促进教育公平是一项长期而艰巨的任务。需要政府、社会、家庭等多方面的共同努力和配合，合力推动学前教育的改革与发展。同时，还应加强国际交流与合作，借鉴其他国家和地区的成功经验，不断提升我国学前教育的质量和水平。只有这样，才能够为孩子们创造一个更加公平、优质的教育环境，为他们的未来奠定坚实的基础，为社会的和谐发展贡献力量。

（二）提升学前教育质量，促进儿童全面发展

提升学前教育质量，首先需要从教育资源、师资队伍、教学方法等多个方面入手。教育资源是提升教育质量的基础，包括教学设施、教材教具等硬件设施的完善，以及课程设置、教学内容等软件资源的优化。政府应加大对学前教育的投入，确保幼儿园拥有宽敞明亮的教室、安全卫生的学习环境，以及丰富多样的教学材料。同时，幼儿园也应根据自身特色和儿童发展需求，合理设置课程，科学安排教学内容，为孩子们提供丰富的学习体验。

师资队伍是提升学前教育质量的关键。优秀的学前教育教师不仅具备扎实的专业知识和丰富的教育经验，更拥有热爱孩子、关注孩子成长的情怀。因此，幼儿园应加强对教师的选拔和培训，提高他们的专业素养和教育能力。同时，教师也应不断更新教育观念，创新教学方法，以更加科学、有效的方式引导孩子们探索世界、学习知识。

教学方法是影响学前教育质量的重要因素。传统的教学方法往往注重知识的灌输和技能的训练，而忽视了孩子们的兴趣和个性发展。因此，幼

儿园应积极探索和实践以儿童为中心的教学方法，如游戏化教学、项目式学习等，激发孩子们的学习兴趣和主动性，让他们在轻松愉快的氛围中全面发展。

提升学前教育质量的目的在于促进儿童的全面发展。全面发展不仅包括智力的发展，还包括情感、道德、社交、身体等多方面的发展。因此，学前教育应注重培养孩子们的综合素质和能力。在智力发展方面，幼儿园应通过丰富多彩的教学活动，激发孩子们的想象力和创造力，培养他们的思维能力和解决问题的能力。在情感发展方面，幼儿园应关注孩子们的情感需求，为他们提供关爱和支持，帮助他们建立积极的情感态度和良好的人际关系。在道德发展方面，幼儿园应通过榜样示范、故事讲述等方式，引导孩子们树立正确的价值观和道德观，培养他们的道德意识和行为习惯。在社交发展方面，幼儿园应组织各种集体活动，为孩子们提供与他人交往、合作的机会，培养他们的团队协作精神和社交能力。在身体发展方面，幼儿园应合理安排体育活动和户外游戏，让孩子们在运动中锻炼身体、增强体质。

此外，家庭和社会也是促进儿童全面发展的重要力量。家长应积极参与孩子的学前教育过程，与幼儿园共同关注孩子的成长需求和发展状况。社会也应为学前教育提供支持和帮助，为孩子们创造一个良好的成长环境。

总之，提升学前教育质量、促进儿童全面发展是一项长期而艰巨的任务。需要从多个方面入手，不断加强教育资源的投入、优化师资队伍的建设、创新教学方法的应用，同时注重家庭和社会的参与和支持。只有这样，才能够为孩子们的成长和发展提供有力的保障和支持，让他们在未来的成长道路上更加自信、从容和成功。

(三) 推动学前教育领域的社会参与和多元化发展

社会参与是推动学前教育发展的重要力量。学前教育不只是政府的责任，更是全社会的共同使命。通过鼓励和支持社会各界积极参与学前教育事业，可以汇聚更多的资源和力量，共同推动学前教育的繁荣发展。这包括企业、社会组织、家长以及个人等各个层面的参与。企业可以通过捐赠资金等方式支持学前教育的发展；社会组织可以发挥专业优势，为学前教育提供政策咨询、教育培训等服务；家长则可以积极参与幼儿园的家长委员会、志愿者活动等，与幼儿园共同关注孩子的成长；个人也可以通过志愿服务、捐赠图书等方式为学前教育贡献自己的力量。

多元化发展是学前教育领域的重要趋势。随着社会的不断进步和儿童需求的多样化，单一的教育模式已经无法满足儿童的发展需求。因此，推动学前教育的多元化发展具有重要意义。多元化发展包括教育内容的多元化、教育方法的多元化以及教育资源的多元化。在教育内容上，应注重培养儿童的综合素质，包括认知能力、情感态度、社交技能等方面的发展；在教育方法上，应尊重儿童的个体差异，采用灵活多样的教学方式，激发儿童的学习兴趣和主动性；在教育资源上，应充分利用各种社会资源，如博物馆、图书馆、科技馆等，为儿童提供丰富的学习体验。

在推动社会参与和多元化发展的过程中，还需要关注几个关键问题。首先是政策的引导和支持。政府应制定和完善相关政策，明确社会各界的参与方式和途径，为学前教育的发展提供有力保障。其次是加强师资培训。优秀的教师是学前教育事业发展的核心力量，应加强对幼儿教师的培训和教育，提高他们的专业素养和教育能力。此外，还应加强学前教育与家庭教育的衔接，形成教育合力，共同促进儿童的健康成长。

随着科技的进步和社会的发展，新的教育理念和教育技术不断涌现。应积极引进和应用这些新理念、新技术，推动学前教育的创新发展。例如，利用互联网和大数据，构建智能化的学前教育平台，为儿童提供更加个性化、高效的学习体验；利用虚拟现实和增强现实技术，为儿童创造更加真实、生动的学习环境等。

推动学前教育领域的社会参与和多元化发展是一项长期而艰巨的任务。需要全社会的共同努力和配合，加强政策引导、师资培训、家庭教育衔接以及创新发展等方面的工作，为儿童的健康成长和国家的未来发展奠定坚实的基础。只有这样，才能让每一个孩子都能够在学前教育的阳光下茁壮成长，为他们的未来描绘出更加美好的蓝图。

第三节　学前教育的社会责任与使命

学前教育作为儿童成长过程中的重要阶段，承载着深远的社会责任与崇高使命。它不仅是儿童个体发展的基石，更是社会和谐进步的重要推动力。在当前社会背景下，学前教育面临着诸多挑战与机遇，其社会责任与使命也越发凸显（图6-1、图6-2）。

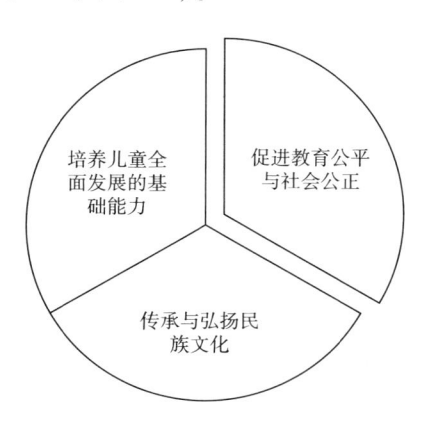

图6-1　学前教育的社会责任

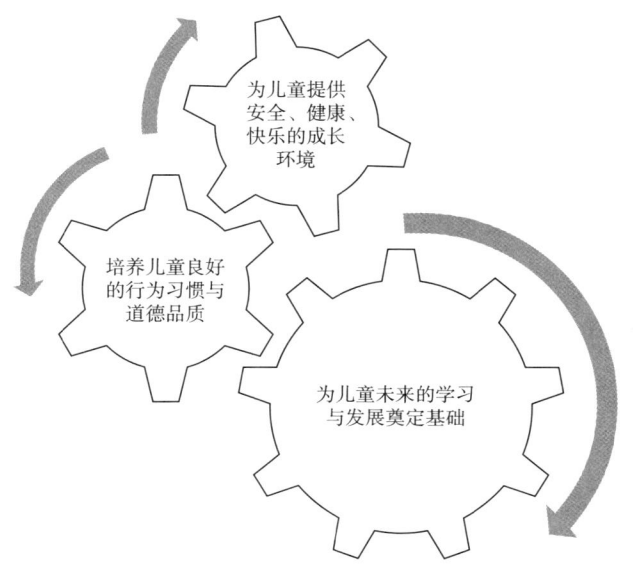

图 6-2 学前教育的使命

一、学前教育的社会责任

(一) 培养儿童全面发展的基础能力

学前教育注重培养儿童的认知能力。在学前教育阶段，儿童的大脑处于快速发展的时期，他们的观察力、记忆力、思维能力和想象力等都在不断发展和完善。因此，学前教育通过丰富多彩的教育活动，如观察自然、听故事、做手工等，激发儿童的好奇心和探索欲，培养他们的认知兴趣和认知能力。这些能力将为儿童未来的学习提供有力的支持，使他们能够更好地适应不断变化的世界。

学前教育重视培养儿童的情感态度。情感是儿童成长过程中的重要驱动力，也是他们与他人建立联系的基础。学前教育通过营造温馨、和谐的教育环境，让儿童感受到关爱和尊重，培养他们的自信心和自尊心。同时，学前教育还注重培养儿童的同理心和合作精神，让他们学会关心他人、尊重他人，与他人和谐相处。这些情感态度将为儿童未来的社交和情感发展奠定坚实的基础。

学前教育还强调培养儿童的社交技能。在学前教育阶段，儿童开始与同伴进行互动和合作，这是他们社交技能发展的关键时期。学前教育通过组织各种集体活动，如角色扮演、合作游戏等，为儿童提供与他人交往和合作的机会，培养他们的沟通能力、合作能力和解决问题的能力。这些社交技能将为儿童未来的社交生活和职业发展提供有力的支持。

学前教育也注重培养儿童的身体素质。儿童的身体发育和运动能力在学前教育阶段得到快速发展。通过参与体育活动和户外运动，儿童能够锻炼身体、增强体质，提高协调性和灵活性。学前教育机构通常会安排适当的体育活动，让儿童在游戏中锻炼肌肉，培养运动兴趣和习惯。这不仅有助于儿童的身体健康，还为他们未来的体育发展和身体素质的提升打下基础。

学前教育还关注培养儿童的创造力和创新精神。在这个快速发展的时代，创造力和创新精神是人才培养的重要方向。学前教育通过提供丰富的材料和资源，鼓励儿童进行自由探索和创造，培养他们的想象力和创造力。同时，学前教育也注重培养儿童的批判性思维，让他们学会独立思考和解决问题。

学前教育培养儿童全面发展的基础能力是一项重要而艰巨的任务。它涵盖了认知、情感、社交、身体和创造等多个方面，旨在为儿童未来的学习、生活和社交打下坚实的基础。为了实现这一目标，学前教育机构需要不断创新教育方法和手段，为儿童提供一个优质、多元的教育环境，让他们能够在快乐中学习、成长和发展。同时，家长和社会也应给予学前教育充分的关注和支持，共同为儿童的全面发展贡献力量。

(二) 促进教育公平与社会公正

学前教育促进教育公平。在当前社会，由于家庭背景、地域差异等多种因素的影响，儿童在接受教育方面存在着明显的差异。而学前教育作为公共教育资源的一部分，其目标就是确保每个孩子都能享有公平的教育机会。通过加大对学前教育的投入，优化教育资源的配置，可以让更多的孩子享受到优质的教育服务，减少教育资源分配不均的现象。同时，学前教育还注重个体差异的尊重和包容，通过个性化的教育方式和手段，满足不同儿童的发展需求，让每个孩子都能在适合自己的教育环境中茁壮成长。

学前教育推动社会公正。教育是社会公正的重要体现，而学前教育作为教育的起点，更是社会公正的关键环节。通过学前教育，可以培养儿童的公正意识和价值观，让他们从小就学会尊重他人、关心社会、积极参与公益事业。这些品质将为儿童未来的成长奠定坚实的基础，并有助于形成公正、和谐的社会氛围。同时，学前教育还可以促进不同社会群体之间的交流与融合，消除社会隔阂和偏见，增进社会凝聚力和向心力。

要实现学前教育对教育公平与社会公正的促进作用，还需要面临一些挑战和困难。首先，教育资源不足和分配不均是当前学前教育面临的主要问题。在一些贫困地区和偏远地区，学前教育资源匮乏，很多孩子无法接受到优质的学前教育。因此，需要进一步加大对学前教育的投入力度，提高教育资源的覆盖率和质量。其次，学前教育的发展还需要社会各界的支持和参与。政府、学校、家庭和社会组织等各方应共同努力，形成合力，推动学前教育的健康发展。

为了充分发挥学前教育在教育公平与社会公正方面的作用，可以采取以下措施：①制定和完善相关政策，明确学前教育的目标和任务，确保每个儿童都能享有平等的教育权利；②加强师资队伍建设，提高学前教育教师的专业素养和教育能力，为他们提供更好的职业发展机会；③加强家园合作，促进家庭教育与学校教育的有效衔接，形成教育合力；④加强学前教育的质量监测和评估，确保教育资源的有效利用和教育质量的持续提升。

学前教育作为儿童成长的起点，承载着促进教育公平与社会公正的重要使命。需要从政策、资源、师资、家庭和社会等多个方面入手，加强学前教育的建设和发展，为每个孩子提供平等、优质的教育机会，推动社会的公正与和谐。只有这样，才能真正实现学前教育的社会责任与使命，为儿童的全面发展和社会进步贡献力量。

（三）传承与弘扬民族文化

学前教育通过课程设置和教学内容来传承民族文化。在学前教育阶段，孩子们开始接触各种知识和技能的学习，而民族文化作为中华民族的精神家园的重要组成部分，应当成为学前教育的重要内容之一。学前教育机构可以根据儿童的年龄特点和认知水平，设计富有民族特色的课程和教学活动。例如，可以通过讲述民族英雄的故事、教授民族传统技艺、组织民族节庆活动等方式，让孩子们在轻松愉快的氛围中了解和学习民族文化。

学前教育注重培养儿童的民族情感和认同感。在学前教育阶段，儿童的情感态度正在逐渐形成，他们对周围环境和文化背景的感知和认知也在不断发展。因此，学前教育机构应当通过营造具有民族特色的教育环境，让儿童在潜移默化中感受到民族文化的魅力。例如，可以在幼儿园内设置民族文化的展示区，展示民族服饰、传统工艺品等，让孩子们在日常生活中接触到民族文化；同时，还可以组织孩子们参与民族文化的表演和展示活动，让他们在亲身体验中加深对民族文化的理解和认同。

学前教育还通过家园合作来共同传承和弘扬民族文化。家庭是儿童成长的第一课堂，家长是儿童的第一任教师。因此，学前教育机构应当加强与家庭的合作与沟通，引导家长在家庭教育中融入民族文化元素。例如，可以通过家长会、亲子活动等方式，向家长介绍民族文化的知识和意义，鼓励家长在家中与孩子一起学习和传承民族文化；同时，还可以邀请家长参与幼儿园的民族文化活动，共同营造传承民族文化的良好氛围。

学前教育在传承与弘扬民族文化的过程中，也需要不断创新和发展。随着时代的进步和社会的发展，民族文化的内涵和外延也在不断扩展和深化。因此，学前教育机构应当紧跟时代步伐，不断更新教育理念和教学方法，以适应民族文化传承的新需求和新挑战。例如，可以借助现代科技手段，如多媒体、互联网等，为儿童提供更加丰富多彩的学习体验；同时，还可以结合地方特色和民族特点，开发具有地域特色的民族文化课程和活动，以满足不同地区儿童的学习需求。

学前教育在传承与弘扬民族文化方面发挥着至关重要的作用。通过课程设置、教学内容、家园合作以及创新发展等多方面的努力，可以让儿童在学前教育阶段深入了解和学习民族文化，培养他们的民族情感和认同感，为民族文化的繁荣发展贡献力量。同时，也应当认识到，传承与弘扬民族文化是一项长期而艰巨的任务，需要全社会的共同努力和持续推动。

二、学前教育的使命

（一）为儿童提供安全、健康、快乐的成长环境

学前教育强调为儿童提供安全的环境。安全是儿童成长的首要条件，也是家长和教育工作者最为关心的问题。在学前教育阶段，儿童的好奇心和探索欲望强烈，他们喜欢尝试新事物，但也容易受到伤害。因此，学前教育机构在环境布置、玩具选择、活动安排等方面都要充分考虑安全性，确保儿童在玩耍和学习的过程中不会受到伤害。同时，教育工作者还要加强儿童的安全教育，让他们学会保护自己，提高自我保护意识。

学前教育注重为儿童营造健康的成长环境。健康是儿童成长的基石，

也是他们未来发展的重要保障。学前教育机构应该为儿童提供营养均衡的饮食，保证他们的身体健康。同时，还要关注儿童的心理健康，通过开展丰富多彩的活动，培养儿童的积极情绪和良好的心态。此外，学前教育还要关注儿童的身体健康状况，定期进行体检，及时发现并处理潜在的健康问题。

学前教育致力于为儿童创造一个快乐的成长环境。快乐是儿童成长的动力源泉，也是他们保持积极向上的关键因素。在学前教育阶段，儿童应该感受到学习的乐趣，体验到成长的快乐。学前教育机构应该通过游戏化教学、情境教学等方式，激发儿童的学习兴趣，让他们在轻松愉快的氛围中学习新知识、掌握新技能。同时，教育工作者还要关注儿童的个体差异，尊重他们的兴趣和需求，为每个孩子提供个性化的教育服务。

在这样一个安全、健康、快乐的成长环境中，儿童能够自由地探索世界，发挥自己的想象力和创造力。他们可以在学前教育机构的引导下，学会合作、分享和尊重，养成良好的社交能力和道德品质。同时，他们还可以通过各种活动和游戏，锻炼自己的身体素质和协调能力，为未来的学习和生活打下坚实的基础。

提供这样的成长环境并不是一件容易的事情。学前教育机构需要投入大量的精力和资源来营造这样的环境，包括提供安全的设施、健康的饮食、专业的教育工作者以及丰富多彩的教育活动等。同时，教育工作者还需要不断更新自己的教育理念和方法，以适应儿童成长的需求和变化。

学前教育为儿童提供安全、健康、快乐的成长环境是其不可或缺的使命和责任。应该充分认识到学前教育的重要性，为儿童创造一个良好的成长环境，让他们在学前教育的熏陶下茁壮成长，为未来的学习和生活奠定坚实的基础。

(二) 培养儿童良好的行为习惯与道德品质

学前教育注重培养儿童良好的行为习惯。良好的行为习惯是儿童个人素质的重要组成部分，也是他们融入社会、与人交往的基础。在学前教育阶段，儿童正处于行为习惯形成的关键时期，他们的模仿能力强，对周围环境的感知敏感。因此，学前教育机构应通过日常生活中的点滴细节，引导儿童养成良好的行为习惯。例如，教育儿童保持个人卫生，饭前便后要洗手；教育儿童遵守公共秩序，排队等候、不随意插队；教育儿童尊重他人，友好相处、不欺负弱小等。这些看似微不足道的小事，实则对儿童行为习惯的养成具有潜移默化的影响。

学前教育强调培养儿童的道德品质。道德品质是儿童个人品德的核心，也是他们成为有道德、有责任感、有担当的公民的基础。在学前教育阶段，儿童开始接触社会、了解社会，他们的道德观念也在逐渐形成。因此，学前教育机构应通过教育活动，引导儿童树立正确的道德观念，培养他们的道德品质。例如，通过讲述英雄故事、传播正能量，激发儿童的爱国情怀和正义感；通过组织公益活动、参与志愿服务，培养儿童的公益意识和奉献精神；通过开展角色扮演、模拟情境等活动，让儿童学会换位思考、尊重他人、诚实守信等品质。这些教育活动不仅能够增强儿童的道德认知，还能促使他们将道德观念内化为自己的行为准则。

学前教育在培养儿童良好行为习惯与道德品质的过程中，还应注重家庭、学校、社会等多方面的协同作用。家庭是儿童成长的摇篮，家长的言传身教对儿童的行为习惯和道德品质具有重要影响。因此，学前教育机构应加强与家庭的沟通与合作，引导家长树立正确的教育观念，共同为儿童营造良好的成长环境。同时，学校作为儿童教育的主阵地，应充分发挥其教育资源和教育优势，为儿童提供丰富多彩的教育活动和实践机会，促进他们良好行为习惯与道德品质的形成。此外，社会也应为儿童的成长提供支持和帮助，营造良好的社会氛围和道德风尚，为儿童的全面发展创造有利条件。

学前教育培养儿童良好的行为习惯与道德品质是一项长期而艰巨的任务。它需要学前教育机构、家庭、社会等多方面的共同努力和协作。通过日常生活中的点滴引导、教育活动的深入开展以及家庭、学校、社会的协同作用，可以为儿童营造一个良好的成长环境，帮助他们养成良好的行为习惯和道德品质，为他们的未来发展奠定坚实的基础。同时，这也将为社会的和谐稳定和道德风尚的提升作出积极的贡献。

（三）为儿童未来的学习与发展奠定基础

学前教育为儿童的知识学习奠定基础。在学前教育阶段，儿童开始接触各种基础知识，如语言、数学、科学等。这些知识的学习不仅为儿童今后的学科学习打下基础，更在潜移默化中培养了他们的学习兴趣和学习能力。学前教育机构通过设计富有创意的教学活动，让儿童在轻松愉快的氛围中掌握知识，为未来的学习之旅做好充分准备。

学前教育有助于培养儿童的学习习惯。在学前教育阶段，儿童逐渐形成了自己的学习习惯。这些习惯包括良好的作息时间、专注的学习态度、自主解决问题的能力等。这些习惯的养成对于儿童未来的学习至关重要。学前教育机构通过引导儿童养成良好的学习习惯，为他们未来的学习之路铺设了坚实的基石。

学前教育在促进儿童认知发展方面发挥着重要作用。在学前教育阶段，儿童的认知能力得到快速发展。他们开始学会观察、思考、判断和解决问题。学前教育机构通过提供各种刺激儿童感官和思维的教育活动，帮助他们建立起对世界的初步认识，为未来的学习与发展积累了宝贵的经验。

学前教育也是培养儿童社交能力的重要场所。在学前教育阶段，儿童开始与同龄人进行互动，学会合作、分享和尊重。这些社交技能对于儿童未来的学习和发展具有重要意义。学前教育机构通过组织各种集体活动，让儿童在互动中学会与他人相处，为今后的社会生活做好准备。

学前教育还为儿童的情感发展提供了支持。在学前教育阶段，儿童的情感需求得到满足，他们的安全感、归属感和自信心得到培养。学前教育机构通过关爱和陪伴，让儿童感受到温暖和关爱，从而建立起积极的情感态度和价值观。这些情感上的支持和培养，对于儿童未来的学习和发展具有重要的推动作用。

学前教育还为儿童的多元化发展提供了平台。学前教育机构通过提供丰富多样的教育资源和活动，让儿童在各个领域得到发展，如音乐、艺术、体育等。这些活动不仅有助于儿童发掘自己的潜能和兴趣，更为他们未来的多元化发展提供了可能。

学前教育为儿童未来的学习与发展奠定了坚实的基础。它通过知识学习、习惯培养、认知发展、社交能力、情感支持和多元智能发展等多个方面，为儿童提供了一个全面而系统的教育环境。在这个环境中，儿童不仅能够得到知识和技能的积累，更能够在情感、态度和价值观上得到全面的提升。因此，应该高度重视学前教育的重要性，为儿童提供一个优质的教育环境，帮助他们茁壮成长，为未来的学习与发展奠定坚实的基础。

三、当前学前教育面临的挑战与机遇

随着社会的快速发展和科技的日新月异，儿童成长的环境日益复杂多变，这对学前教育提出了更高的要求。一方面，学前教育需要不断更新教育理念和教学方法，以适应儿童身心发展的特点。然而，现实中许多学前教育机构仍停留在传统的教育模式上，缺乏创新和实践，难以满足儿童的个性化需求。另一方面，学前教育的师资力量也面临挑战。优秀的学前教育教师不仅需要具备专业的知识和技能，还需要具备良好的沟通、协调和创新能力。然而，目前学前教育师资的培养和引进仍存在一定的问题，导致教师素质参差不齐，影响了教育质量。

学前教育还面临着教育资源分配不均的挑战。在一些地区，尤其是农村地区和贫困地区，学前教育资源严重匮乏，许多儿童无法接受到优质的学前教育。这不仅影响了儿童的身心发展，也加剧了教育不公平的现象。同时，随着人口结构的变化和城市化进程的加速，学前教育需求不断增长，而供给却难以满足，这导致了学前教育市场出现混乱和无序的现象。

尽管学前教育面临着诸多挑战，但也蕴含着丰富的机遇。首先，随着国家对教育事业的重视和投入不断增加，学前教育得到了更多的政策支持和资金保障。这为学前教育的发展提供了有力的保障和广阔的空间。其次，随着社会的进步和人们教育观念的转变，越来越多的家长开始重视学前教育，愿意为孩子的早期教育投入更多的精力和资源。这为学前教育市场的扩大和品质的提升提供了良好的社会环境。

同时，科技的进步也为学前教育带来了无限的可能。借助互联网、大数据、人工智能等现代科技手段，学前教育可以实现个性化、精准化的教学，提高教育质量和效率。例如，通过在线教育平台，儿童可以随时随地接受到优质教育；通过智能教学系统，教师可以更加精准地了解每个儿童的学习情况，制订个性化的教学方案。这些科技手段的应用，为学前教育的创新和发展提供了强大的技术支持。

随着社会对多元化人才的需求不断增加，学前教育也需要更加注重培养儿童的综合素质和创新能力。这为学前教育提供了新的发展方向和思路，可以通过开展丰富多彩的教育活动和实践项目，培养儿童的创造力、合作精神和解决问题的能力。这些能力的培养，将为儿童未来的学习和生活奠定坚实的基础。

当前学前教育既面临着多方面的挑战，也蕴含着丰富的机遇。我们应该正视挑战，抓住机遇，不断创新和发展学前教育事业，为儿童的健康成长和未来的成功奠定坚实的基础。同时，政府、社会和家庭也应该共同努力，为学前教育提供更多的支持和帮助，推动其持续健康发展。

四、推动学前教育发展的策略与建议

（一）加大政府投入，优化资源配置

加大政府投入是优化学前教育资源配置的基础。学前教育是一项公益事业，其健康发展离不开政府的支持和投入。政府应当从财政、政策等多方面加大对学前教育的投入力度，确保学前教育机构有足够的资金用于改善教育环境、提升教师待遇、引进优质教育资源等。通过加大投入，可以确保学前教育机构能够正常运转，为儿童提供安全、健康、快乐的学习环境。

优化资源配置是提高学前教育质量的关键。学前教育资源的合理配置，直接关系到教育质量的提升。政府应当加强对学前教育资源的统筹规划，确保资源的均衡分布。同时，还应注重资源的有效利用，避免资源的浪费。在优化资源配置的过程中，应注重提升教育资源的质量和效益，推动学前教育的内涵式发展。

具体来说，优化资源配置可以从以下 3 个方面入手：①加强师资队伍建设。政府应当加大对学前教育师资的培养和引进力度，提高教师的专业素养和教学水平。同时，还应建立完善的教师激励机制，吸引更多优秀人才投身学前教育事业。②改善教育设施。政府应当投入资金改善学前教育机构的教学设施，确保儿童能够在安全、舒适的环境中学习。③丰富教育内容。政府应当鼓励学前教育机构开展多样化的教育活动，注重培养儿童

的综合素质和创新能力。

此外，在优化资源配置的过程中，还应注重发挥市场的作用。政府可以通过政策引导和市场机制，吸引更多的社会资本投入学前教育领域，形成多元化的投入格局。同时，还应加强对学前教育市场的监管，确保市场的公平竞争和健康发展。

加大政府投入、优化资源配置不仅有助于提升学前教育的整体质量，还对社会公平与和谐有着积极的促进作用。通过政府的大力投入，可以缩小城乡之间、贫富之间的教育差距，让更多的孩子享受到优质的学前教育。这不仅有助于提升国民整体素质，还能够为社会培养更多具有创新精神和实践能力的人才，为国家的长远发展奠定坚实基础。加大政府投入、优化资源配置是推动学前教育发展的必要举措。政府应当高度重视学前教育事业的发展，加大投入力度，优化资源配置，为儿童的健康成长和国家的未来发展提供有力保障。同时，社会各界也应当关注和支持学前教育事业，共同为培养优秀的新一代贡献力量。

（二）加强师资队伍建设，提高教育质量

加强师资队伍建设，意味着需要重视教师的专业发展。教师作为教育工作的主体，其专业素养和教学能力的提升直接关系到教育质量的提高。为此，应建立完善的教师培训体系，为教师提供多样化的学习和发展机会。这包括定期举办教育培训活动，邀请教育专家进行指导，组织教师参加学术交流活动等。通过这些举措，可以帮助教师不断更新教育观念，掌握先进的教育方法，提高教育教学能力。

同时，还应注重教师的师德师风建设。教师的师德师风是教育工作的灵魂，是培养学生良好品质的重要保证。因此，需要加强对教师的师德教育，引导教师树立正确的教育观、人才观和价值观。此外，还应建立完善的师德考核机制，对教师的师德表现进行定期评估，对表现优秀的教师给

予表彰和奖励，对存在问题的教师进行督促和整改。

在提高教育质量方面，需要从多个方面入手。优化课程设置是提升教育质量的关键。应根据学生的年龄特点和认知水平，合理安排课程内容，确保课程的科学性和系统性。同时，还应注重课程的实践性和创新性，引导学生积极参与实践活动，培养他们的创新精神和实践能力。

创新教学方法和手段也是提高教育质量的重要途径。传统的教学方法已经无法满足现代教育的需求，需要不断探索和尝试新的教学方法和手段。例如，利用信息技术手段辅助教学，开展线上线下相结合的混合式教学等。这些新的教学方法和手段不仅可以激发学生的学习兴趣和积极性，还可以提高教学效果和学习效率。

并且，也要关注学生的个体差异和全面发展。每个学生都是独立的个体，他们有着不同的学习需求和潜能。因此，需要因材施教，注重培养学生的个性化和多元化发展。同时，还应关注学生的身心健康和道德品质的培养，为他们提供全方位的教育服务。

加强师资队伍建设，提高教育质量是一项长期而艰巨的任务。需要从多个方面入手，不断完善教师培训体系，加强师德师风建设，优化课程设置，创新教学方法和手段，关注学生的个体差异和全面发展。只有这样，才能培养出更多具有创新精神和实践能力的人才，为国家的繁荣富强做出更大的贡献。同时，也需要全社会共同努力，形成尊师重教的良好氛围，为教育事业的发展提供有力的支持和保障。

（三）创新教育模式与方法，满足儿童多样化需求

创新教育模式是满足儿童多样化需求的关键。传统的教育模式往往以单一的课堂教学为主，缺乏对儿童个体差异的关注和尊重。而创新教育模式则强调以儿童为中心，注重培养儿童的自主性、创造性和实践能力。例如，通过项目式学习、合作学习、游戏化学习等多样化的教学方式，激发

儿童的学习兴趣和动力，让他们在实践中学习、在探索中成长。

创新教学方法也是满足儿童多样化需求的重要途径。儿童在不同的年龄段和认知发展阶段有着不同的学习特点和需求。因此，需要根据儿童的身心发展规律，创新教学方法，使之更加符合儿童的学习特点。比如，对于学前教育阶段的孩子，可以通过音乐、绘画、舞蹈等艺术形式，培养他们的审美能力和创造力；对于小学阶段的孩子，可以利用信息技术手段，开展跨学科的学习活动，培养他们的综合素质和解决问题的能力。

创新教育模式与方法还需要关注儿童的个性化发展。每个儿童都有自己的兴趣、特长和潜能，应该尊重并引导他们的个性化发展。在教育过程中，要善于发现和挖掘儿童的潜能，为他们提供个性化的学习资源和支持。同时，还要关注儿童的情感需求和心理健康，为他们营造一个温馨、和谐的学习环境，让他们感受到学习的快乐和成长的力量。

值得注意的是，创新教育模式与方法并非一蹴而就，需要持续探索和实践。在这个过程中，要不断总结经验教训，调整和完善教育策略。同时，还需要加强对教育者的培训，提升他们的教育理念和教学技能，使他们能够更好地适应和引领教育模式与方法的创新。

创新教育模式与方法还需要家长的积极参与和支持。家长是儿童成长过程中的重要陪伴者和引导者，他们的态度和行为对儿童的发展具有深远的影响。因此，需要加强家园合作，与家长共同制订教育计划，分享教育经验，形成教育合力。通过家长的参与和支持，可以更好地了解儿童的需求和特点，为他们提供更加精准和有效的教育服务。

创新教育模式与方法对于满足儿童的多样化需求具有重要意义。应该从多个方面入手，关注儿童的个体差异和个性化发展，探索和实践多样化的教育方式和手段。同时，还需要加强对教育者的培训，以及家长的参与和支持，共同为儿童的成长和发展贡献力量。相信在大家的共同努力下，能够培养出更多具有创新精神和实践能力的人才，为社会的繁荣和发展做出更大的贡献。